U1006358

为生命而读

中学语文阅读教学的人本化探索

首都师范大学附属中学语文组 编

初中部分

首都师范大学出版社
CAPITAL NORMAL UNIVERSITY PRESS

图书在版编目(CIP)数据

为生命而读：中学语文阅读教学的人本化探索．初中部分/首都师范大学附属中学语文组编．—北京：首都师范大学出版社，2023.7

ISBN 978-7-5656-7612-3

Ⅰ.①为…　Ⅱ.①首…　Ⅲ.①阅读课－教学研究－初中　Ⅳ.①G633.332

中国国家版本馆 CIP 数据核字(2023)第 109805 号

WEI SHENGMING ER DU

为生命而读

——中学语文阅读教学的人本化探索(初中部分)

首都师范大学附属中学语文组　编

责任编辑　马　岩

首都师范大学出版社出版发行

地　址　北京西三环北路 105 号

邮　编　100048

电　话　68418523(总编室)　68982468(发行部)

网　址　http://cnupn.cnu.edu.cn

印　刷　北京印刷集团有限责任公司

经　销　全国新华书店

版　次　2023 年 7 月第 1 版

印　次　2023 年 7 月第 1 次印刷

开　本　710mm×1000mm　1/16

印　张　19.75

字　数　360 千

定　价　62.80 元(全二册)

版权所有　违者必究

如有质量问题　请与出版社联系退换

为生命而读
编委会

主　　编：沈　杰

执行主编：田　云　董守红

副 主 编：徐圣洁

编　　委：（按姓氏笔画排序）

王　微　宁立超　刘　萍

张萍萍　周　璇

追求生命丰盈的深度语文
——写在前面的话

伴随着基础教育课程改革的纵深发展，生命教育的地位日益凸显。

顾明远先生说："教育的本质就是生命教育。"生命教育以提升生命品质和价值为宗旨，为个体终身生命成长奠基。中学生正处于成长的关键阶段和人生道路确立期，他们不仅面临着升学考试、人际交往等压力，还常常被青春期心理状态不稳定、情绪容易有较大波动等问题困扰。在中学阶段开展生命教育，不仅可以起到一定的情绪疏导作用，更可以从生命观层面给予同学们积极的指引。2016年，《中国学生发展核心素养》研究成果把"珍爱生命"列为六大核心素养之一"健康生活"的重要内容。生命教育立足"生命"，是一种"全人教育"，包含了一个人由生至死的全部意义和过程，不仅与人的生存和生活具有密切的关联性，也与人的成长与发展具有密切的关联性，更与人的本性和价值息息相关。

我们所面对的每一位学子，都是不可替代的生命个体，也是国家未来的主人。建校110年，首师大附中始终将"人"的培养放在核心位置，一批批心怀教育理想的名师在此滋兰树蕙，奉献青春；一届届鸿鹄少年在此步武前贤，求真向善。新时期，在学校"守正、开放、创新"三大发展理念指导下，附中以开展负责任、有内涵、有温度的成达教育为己任。附中的教育不浮躁、不盲从、不功利，遵循教育规律和人才成长规律，培养健康阳光、自信坚毅、正志笃行、成德达才、家国担当、胸怀天下的创新人才。在"成达教育"理念的引领下，附中教师在教学实践中取得了丰硕的"学科育人"研究成果。

从2016年开始，附中语文组老师们将生命教育与语文学科相融合，带领学生从不同角度理解生命教育，同时充分利用一切教育资源和教育技术为学生提供灵活的、开放的学习环境，建设以育人为核心、以阅读为依托的语文"生命教育"课程。如今，他们将多年的教学积累与个性化的生命体悟熔为一炉，汇聚在《为生命而读》这本贯通初高中语文名著阅读学习的书籍中。本书的出版，可视为是我校语文组老师们面向社会所做的一次关于生命教育的分享与交流，交流的对象有学生、家长，也有教育工作者，阅读书籍的过程既是与创作者的对话，也是一场个性化的生命之旅，相信每一位读者都会"深"受启发。

本书在内容选择上大有“深”意。

《为生命而读》一书在内容选择上对标新课标与新高考。“初中部分”兼顾中国优秀传统文化、革命文化和外国优秀文化。初中阶段生命教育课程的开展应注重开放性与时代性，作为全球化时代的中国学子，他们在阅读与学习中可以汲取众长，聚焦时代问题，关注人类整体心灵的健全发展。“高中部分”聚焦于《红楼梦》这一反映中国古代社会百态的史诗性著作。“天生万物”“天人合德”，中国学生的生命教育最终要从中国优秀传统文化中找到自己的根与魂，发出生命教育的中国声音。

本书在生命观的传达上静水“深”流。

学生对于“生命”的认知不是一蹴而就的事情，而是随着身心发展的规律循序渐进、日臻深入，再加上中华传统文化博大精深、源远流长，也需要静水流深式的精研、慎教、慢养。本书贯穿初高中六年各学段，学生学习具有系统性和完整性，初中部分和高中部分皆从“人与自然”“人与社会”“人与自我”三个维度解析生命本质，实现从知识到方法再到观念的逐级提升。

本书采用“深度学习”的教学方式。

为了实现更好的学习效果，语文组老师们与学生在文本中细细品咂，用深度学习的方法化云端文本为润物甘霖。在教师引领下，学生围绕着具有挑战性的学习主题，全身心积极参与、体验成功、获得发展，学习过程本身即是富有意义的。在语文生命教育阅读课堂上，学生们不是被动接受，而是全程参与式学习、浸润式体验，从阅读输入到写作输出，从书本理解到自我省察，他们收获的不是一条条刻板的结论，而是自己对生命的独到感悟。

本书对人生的影响可以至“深”。

这是一本可以与学生成长相伴相随、常读常新的书。这里不仅有经典名著中关于生命的无穷智慧，也有我校语文组老师们和他们的学生留下的许多有“温度”、有“刻度”的生命思考。从名著阅读出发，与一群人一道认识生命、理解生命、敬畏生命、思考生命的意义，并力求在现实生活中创造自我生命的独特价值，这是何其美好的体验，这是何其长远的惠泽！

作为校长，我要向本书的出版致以衷心的祝贺！祝愿老师们在后续的教育教学中，初心不改，勇攀高峰，成为学生生命成长的守护者和指引者！在国家课程改革走向深入的当下，祝愿每一位语文人都倾心打造出属于自己教育教学的新天地，进而达到我国语文教育教学的新境界！

首师大附中校长　沈　杰

2023.6 于首师大附中

编写说明

《为生命而读——中学语文阅读教学的人本化探索》(初中部分)选取了九部列入教育部中小学生阅读指导目录(初中段)的文学作品进行细读精析，旨在引领中学生读者在整本书阅读中研讨深思、开阔视野、体悟生命。全书共分为三篇。

第一篇为“人与自然篇——生命的观照”，聚焦法国昆虫学家法布尔的著作《昆虫记》，发掘微观生灵的生存哲学与自然探索的人文关怀，唤醒中学生对生命的好奇心与敬畏感。

第二篇为“人与社会篇——生命的抉择”，精读埃德加·斯诺的纪实作品《红星照耀中国》，史诗般展现红军强师的长征突围和革命先驱的智勇较量，激发中学生的逆境商与报国情。

第三篇为“人与自我篇——生命的自立”，赏读中国古代长篇神魔小说《西游记》，阐述师徒四人何以自度成佛、孙悟空何以开悟成人，引导中学生肯定自我价值，绽放自励青春。

《西游记》《红星照耀中国》《昆虫记》三部经典著作，涵盖了中国优秀传统文化、革命文化、外国优秀文化的语文学习主题，助益中学生读者多角度观察社会，全面理解生命价值。

根据中学生阅读习惯，本书每一篇又分为读思讲堂、读思旅伴、读思飞扬与读思墨涌四个阅读板块。

“读思讲堂”针对生命教育的主题，就上述三部文学作品进行导读精讲，体现整本书阅读的典范性，使中学生扎实了解文学作品的核心内容，掌握相应的阅读方法。如周璇老师和张萍萍老师从两个角度分别解读《昆虫记》的作品内涵与作者意图，前者运用“观察法”细腻品味昆虫世界的生存之道，感受万物生而有灵；后者在知人论世中感知法布尔科学研究中的人文情怀，理解众生理中含情。

“读思旅伴”则是采用“书找书”的方式，将核心书目与其他文学作品形成主题上的对比阅读，体现学习主题的整体性，在方法迁移中实现思维能力的发展和提升。如宁立超老师和徐圣洁老师分别将《红星照耀中国》与《平凡的世界》《红岩》进行联读，前者由红军战士的逆境突围之途对比探究乡土青年的破茧成蝶之路，体现风雨铸造强师；后者则将长征中革命先驱的智勇较量对照分析《红岩》英烈的生死交锋，印证绝境成就英雄。

“读思飞扬”是基于前两个板块的阅读体会，创设情境式的专题探究，并提供方法指导和成果示例，通过延展性、小切口的专题讨论推动学生在情境中实践运用。如刘萍老师和王微老师对《西游记》与《简·爱》《钢铁是怎样炼成的》几部作品的联读，分别设置了“出走与回归”情节叙事专题探究孙悟空和简·爱的自主成长模式，以及“信仰之坚”人物塑造专题感悟唐僧和谢廖沙、瓦莉亚在信仰指引下坚定自立的精神。

“读思墨涌”是读者在整本书阅读后提炼感受的写作板块，包括命题写作和作品示例两部分。通过以读导写、范例示范，启发中学生有方向、有条理地分享阅读心得，交流探讨阅读中的疑难和收获。其中收录了首都师大附中十余位同学的优秀作品，他们在表达自己独特阅读体验的过程中，提升了认知能力，丰富了精神世界。

以上是关于本书内容和体例的介绍，希冀中学生读者能够在“为生命而读”的旅程里深度挖掘文学作品的内在价值，于人与自然、社会和自我的对话中，让生命走向丰盈。

目录 MULU

初中部分

人与自然篇——生命的观照

一、万物生而有灵

二、众生理中含情

人与社会篇——生命的抉择

一、风雨铸造强师

二、绝境成就英雄

人与自我篇——生命的自立

一、成事者当自力

二、成人者当自励

人与自然篇
——生命的观照

一、万物生而有灵

灵，就是精神、灵魂。这种精神，非人类所独有。自然界的万事万物，都有着自己的姿态、灵魂。

冬天的寒意还未消退，瑟缩的枯草丛中隐约透着斑斑点点的生意。在向阳的角落，迎春花羞羞怯怯地提起了鹅黄的裙摆；春天的东风渐渐无力，肥大的梧桐树的叶片下面，蝉沐浴着阳光高声歌唱；秋日的暖阳，竭力散发出最后一抹孕育动植物生长的阳光；叶片凋零的柿子树上，大红灯笼高挂，圆鼓鼓的脸颊充满笑意，仿佛在用这种方式向秋日深情作别；冰天雪地的极寒之地，身穿燕尾服的“绅士”在洁白的冰原上忠实地守护下一代……

人，是大自然的幼子。人类认识自然，与自然共生，改造自然，创造灿烂辉煌的文明。但无论人类是否关注或承认，自然界中的万事万物始终以自己的运行规律在地球上存在和繁衍生息。

法布尔根据三十年的观察，写成《昆虫记》一书，揭示了昆虫世界一个又一个奥秘：蚂蚁搬运猎物锲而不舍，隧蜂门卫忠于职守，雄金步甲被雌金步甲折磨摧残却忍受至死……这些微小的生灵被赋予了人的情感，令读者从它们的生存中看到了人类自身。

本部分让我们走进《昆虫记》等作品，在了解科学精神、研究方法、昆虫属性的同时，唤醒我们的心灵，重新认识万物、认识自己。

读思讲堂

板块任务：法布尔的《昆虫记》具有极高的社会科学的价值。王富仁先生认为，在法布尔的昆虫世界中，各色各样的昆虫都有着自己的生命历程，都靠着自己的本能生活在这个世界上，且有各自的生存方式和生活道路。它们之间也会发生各种形式的矛盾和斗争，与人类社会没有什么不同。“在这里，有一个如何感受和看待昆虫世界的问题，也有一个如何看待我们人类自己的问题。”①这一板块，我们以圣甲虫为例，学习法布尔的观察法，并将之运用到文学作品研读中，探究微观生灵的生存哲学(智慧)，进而拓展至其他篇目，思考它们给人类生存带来的终极启迪。

《昆虫记》：微观生灵的生存哲学

在《昆虫记》中，法布尔采用观察、记录的方法关注昆虫生命的过程，对昆虫的形态、习性、劳动、繁衍和死亡的描述，处处洋溢着对生命的尊重，对自然万物的赞美。在阅读文学作品中运用观察法，可对与研究主题相关的内容进行阅读和摘抄，进而思考总结其与研究主题的相关性。

在法布尔笔下，生活得最卑微的昆虫要数食粪虫。它们终日与粪便打交道，并以动物粪便为食，在现实世界中被认为是最肮脏的存在。然而在人民文学出版社出版的《昆虫记》中，却收入了《圣甲虫的习性》《圣甲虫的生活》《西班牙蜣螂》《南美潘帕斯草原的食粪虫》《粪金龟和公共卫生》五篇，占该书总篇目的30%。

食粪虫为何如此受法布尔关注，如此受编辑青睐？它们有怎样的生存哲学？让我们以圣甲虫为例，研读《圣甲虫的习性》中能够体现其生存哲学的内容，做好摘抄记录，思考总结其生存哲学，并以此方法继续研读全书的其他篇目，获得更多的智慧启迪。

《昆虫记》微观生灵的生存哲学阅读任务卡

专题篇目		阅读者	
昆虫生存哲学表现(原文摘抄/导图)		生存哲学及启示	
小结：			

(一)圣甲虫的生存哲学：在苦难中坚强

罗斯丹评价法布尔时，说他“像哲学家一般地思，像美术家一般地看，像文

① 王富仁：《由法布尔的〈昆虫记〉引发的一些思考(下)》，《鲁迅研究月刊》，2002年第4期，第55页。

学家一般地写”。法布尔常用拟人的手法表现昆虫世界，综合运用记叙、描写、议论、抒情、说明等多种表达方式，行文活泼，语言诙谐。在阅读和摘抄时，要学会从记叙、说明和描写性的文字中总结昆虫的生存哲学，从议论、抒情性的文字中准确把握作者对其生存哲学的概括并思考其意义。

1. 幸福的生活要靠双手去创造

圣甲虫明白“幸福的生活要靠双手去创造”，因此，它们在工作中竭尽全力。

食物一耙一耙地被耙到肚腹下面的四条腿中间，后腿再稍一用力，就把粪球的雏形按腿部曲线给挤压成了。然后，这雏形粪球不时地被四条后腿形成的两副圆规摇动，挤压，逐渐变小变实，再由肚腹加工，粪球的形状臻于完善。如果粪球表面层太硬，有剥落的危险的话，如果某一部分纤维太多，无法旋的话，前腿就对不合适的地方进行再加工，它们用宽大的拍子轻轻拍打粪球，使得新添加的东西与原先的拍得很实地合二为一，并把那些不易粘贴的东西拍实在粪球上。①（第 132 页）

这段文字十分细致地记录了圣甲虫制作粪球的过程。“一耙一耙”可见中间没有任何的喘息与休息，一直在不断地、高效地将所选的粪便积聚在肚腹下面。身体的每个部分都有分工，负责耙粪的，负责挤压的，负责摇动的，负责完善再加工的……虽然圣甲虫没有“三头”，但“六臂”和一个脑袋、一个肚腹完美地组合成了粪球加工厂，流水线般地加工着自己的生存资料。

烈日当空，加工工作在紧张地进行之中，你可以看到旋工的活儿干得多么利索，让你肃然起敬。那活计如此这般地飞快地进行着：一开始是个小弹丸，现在变成了一粒核桃，不一会儿就有苹果一般大小了。我曾见过食量大的圣甲虫竟然旋出一个拳头大小的粪球。这肯定得花好几天的工夫。（第 132 页）

“肃然起敬”体现了作者对于圣甲虫加工工作的敬意，这既有对它不顾炎热恶劣的环境一丝不苟努力工作的钦佩，也有对其所加工的产品形态、完美品质的褒奖。旋出一个拳头大小的粪球需要花好几天的工夫，那么旋出一个普通大小的粪球也许也要花一天的工夫。在这一天至几天的时间里，圣甲虫没有怀疑自己的劳动是否有价值，没有抱怨苦与累，只是不停地劳作，证明自己的存在。

勤劳、努力是圣甲虫生存的根本。它们熟谙这一点，不顾旁人的眼光，默默地用双手创造属于自己的幸福生活。

---

① “一、万物生而有灵”部分中《昆虫记》引文，引自[法]亨利·法布尔著，陈筱卿译：《昆虫记》，北京：人民文学出版社，2018 年版。

2. 用行动战胜困难，不畏艰险，坚忍不拔

如果生命中遇到困难，是就此放弃一蹶不振，还是坐等外来的助力帮助自己脱困？圣甲虫有自己的想法。

圣甲虫碰到了一个斜坡，沉重的粪球要顺着斜坡滚下去的，但是圣甲虫认准了自己的理儿，偏要横穿这条天然道，这可够大胆儿的，稍一失足，稍踩到一点碍事的沙子，就会失去平衡，就前功尽弃了。果不其然，它脚下一出溜儿，粪球便滚到沟里去了；圣甲虫被滑落的粪球一带，弄了个仰面朝天，手脚乱蹬乱踢的。它终于翻转身来，追赶粪球。它的机器更加卖力地工作起来。……它偏要向着那个对它来说是不祥之物的斜坡。……如果有什么很陡的、无法攀登的斜坡，那个顽固的家伙就偏偏选中它。于是，西齐弗斯的工作开始了。它小心翼翼地，一步一步地，艰难万分地往上滚动那巨大的粪球。（第 133—134 页）

面对阻碍自己前进的斜坡，圣甲虫没有立即放弃，绕道而走，而是无所畏惧地直面困难，勇敢地尝试攀登斜坡。“它小心翼翼地，一步一步地，艰难万分地往上滚动那巨大的粪球。”从这句描写中，我们可以看到圣甲虫在斜坡上推动粪球的不易，也可以看到它坚定地将困难化作“一步一步”的具体行动。西齐弗斯是希腊神话中的人物，死后受到众神惩罚，要求他把巨石推上山顶。快到山顶时，巨石又滚下来，他只好永不休止地推着巨石。作者在这里用他代指圣甲虫，并不是说圣甲虫是暴君，而是形容它所面对的斜坡，对它而言，可能是永无止境、无法克服的困难。紧接着法布尔描写了圣甲虫细致、勇敢的行动。面对一个巨大的困难或者未知的困难，人们很容易手足无措并停滞不前，白白地将时间荒废。战胜困难的最好方法就是行动，只要在行动，就总有战胜困难的一天。

然后，它又开始往上爬，不一会儿又摔了下去。它随即又往上爬，这一次走得挺好，艰难路段总算通过了，原来是一个禾本植物的根在作怪，让它摔下去好几次，这一次它谨慎地绕开了这个该死的根。……坡陡道艰，稍有不慎便前功尽弃。你瞧，脚踩在光滑的卵石上，一滑，粪球和圣甲虫一起连滚带翻地又滑掉下去了。可圣甲虫又开始往上爬，仍旧坚忍不拔，没有什么能使它气馁的。十次、二十次地试着这老也爬不上去的攀登。（第 134 页）

“又开始”“又摔了”“又往上”“又滑掉”“又开始”……客观的叙述中，一个个“又”字饱含的是作者对圣甲虫坚忍不拔精神的肯定。战胜困难不是一蹴而就的，不是努力了就能成功的，它往往需要一次又一次的振作、一次又一次的努力。面对挫折，圣甲虫没有时间过多地悲伤，它带着自己的劳动果实，坚定地奔向目

标，失败就立刻再来。同时，它也不会轻易改换自己预定好的线路，在哪里跌倒，就从哪里重新开始。

“十次”“二十次”，我们不知道圣甲虫在来的时候是否已经对沿途进行了勘探，确定了线路，但是它对曾让自己失败的地方，拥有一种坚定地要去战胜它的勇气。

我们也不知道圣甲虫“连滚带翻”地和粪球一起滑下去的时候会不会疼，但我们知道，它毫不气馁，始终坚忍不拔、不屈不挠，这才有了“最后，它或者是以顽强的意志战胜了千难万险，或者是经过更加缜密的思考，承认自己先前所做的无谓的努力，它选择了平坦的路径，终于如愿以偿，完成了任务”。

这令我们不禁想到许多文学作品中歌颂的人物，《钢铁是怎样炼成的》中的保尔，《红岩》中的许云峰、江姐，《平凡的世界》中的孙少平；也令我们想到在社会主义现代化建设中涌现出来的，如邓稼先、袁隆平、屠呦呦、钟南山等杰出人物。正是这种不畏艰险、坚忍不拔的品质，让他们在自己的“故事”中熠熠生辉，为社会、为人类创造辉煌。

3. 在忍耐中平淡地面对和坦然地接受

大多数的圣甲虫是勤劳、坚韧地独自制作和运送粪球。然而，法布尔有机会见到两只圣甲虫一起运送粪球，并通过观察发现是一只圣甲虫主动接近正在制作或运送粪球的圣甲虫，并找机会抢走粪球或者至少分一杯羹。对于“强盗”，我们不做过多关注，重点来看曾经的粪球主人。

(1)起初

后者正在忙着推动粪球，根本就无招架之力。当受袭者(粪球原主人)拼命挣扎，重新站稳脚跟时，攻击者已经立于粪球高处。(第 136 页)

(2)努力

失窃者(粪球原主人)围着粪球转来转去，寻找有利的出击点；盗窃者则立于城堡顶上不停地转动，始终面对着失窃者。……这时，进攻者(粪球原主人)企图把城堡及其守卫一并推翻。粪球底部受到摇晃，开始缓缓滚动起来，盗窃者也随着滚动，但它想尽办法始终立于粪球顶上。……万一脚下一滑，优势没了，那就只好与对手短兵相接，双方身体对身体，胸部对胸部，你顶我撞开来。(第 137 页)

(3)结局

①因此，被抢劫者(粪球原主人)经过两次失败之后，便失去斗志，明智地回到粪堆去重新制作一个粪球。(第 137 页)

②二人一推一拉，相互配合。物主(粪球原主人)占着主导位置，担当主角，它从粪球后面往前推，后腿朝上脑袋冲下。那个帮手则在前面，姿势与前者相反，脑袋朝上，带齿的双臂按在粪球上，长长的后腿撑着地。它俩一前一后把粪球夹在当中，粪球就这么滚动着。……我看见这两个合伙者，就这样一个在上方拽着，一个在下方顶扛着，配合十分默契地往坡上爬着，如果没二人的通力合作，光靠一个人是怎么也无法把粪球推上去的。但是，并非所有的人在这一艰难时刻都会表现出同样热情的。有一些圣甲虫在攀爬斜坡这种必须通力合作才行的时刻，似乎根本没有看见有困难要克服似的。当倒霉的西齐弗斯在拼了小命试图越过障碍时，另一位则高高在上，稳坐钓鱼台，与粪球一起滚下，一起滚上。(第 138—139 页)

面对这位不速之客，粪球主人起初是打算守卫自己的劳动成果的。当它发现大势已去时，它选择了“回到粪堆去重新制作一个粪球”，或者与“帮手”一起运输，且自己充当主力，忍受无所作为的“帮手”分享自己的果实，然后继续自己日复一日、踏踏实实的生活。

著名作家余华是这样解释“活着”的：“‘活着’在我们中国的语言里充满了力量。它的力量不是来自于叫喊，也不是来自于进攻，而是忍受。去忍受生命赋予我们的责任，去忍受现实给予我们的幸福和苦难、无聊和平庸。”[①]生活中的苦难并不总以客观存在的困难的形式出现，它可以是恶劣的出生环境，可以是不平等的待遇，可以是突如其来的生活变故……能够通过自己的努力，实现自我的提升和环境的改造，乃至目标的实现，实则是一件非常幸运的事情。大部分的普通人在生活中需要竭尽全力地活着。

但这并不意味着失败，并不意味着生命没有价值和意义。对于地球上的所有生命而言，活着本身就是生命的价值。在一遍遍尝试努力，依然无法摆脱苦难后，忍耐就是对于苦难的最好宣战，“活着”就是对死亡、苦难的最有力的抗争。忍耐不是苟延残喘机械的续命，也不是纸醉金迷浑浑度日，而是平淡地面对和坦然地接受，是在苦难中的自我救赎，是心灵的寄托。忍耐需要强大的内心，支撑自己经受身体和心灵的双重痛苦；忍耐需要信任时间，在日复一日的行动中，让时间见证变化。遭遇自然和人为灾难时，有勇气继续活下去，忍耐一切痛苦的折磨，是对顽强生命力的最好诠释。

---

① 余华文，刘小超画：《读与写》，北京：西苑出版社，2000 年版，第 72 页。

中国自古就有“贵生”“重生”的传统。道家主张“重人贵生”，也就是人应该重视躯体和热爱生命。《太平经》认为天地之间“人命最重”“寿为最善”，活着才有希望创造更多的可能。《道德经》有言：“道大，天大，地大，人亦大”，将“人”放在了与道、天、地同等重要的地位。《吕氏春秋》有《重己》一篇，“凡生之长也，顺之也；使生不顺者，欲也。故圣人必先适欲”。一定程度上主张人应当忍耐，顺应生命的“天性”而非自己的欲望，接受现有的苦难形式，改变现有的生存境地，不因苦难而造就更深重的苦难，过好当下。

不少文学作品中都有顽强地活着，用忍耐证明生命之伟大的平凡英雄。《红岩》中的华子良，在罗世文和车耀先行刑时，被敌人绑着押去陪杀场。罗世文指示他要假装疯癫，长期隐蔽，伺机而动。枪声一响，他即刻变成了“疯子”，开始了一个革命者最难忍受的生活：切断和组织的联系，遭到同志们的白眼，成岗不信任他，刘思扬鄙弃他，连九岁的小萝卜头都认为他是个胆小鬼。他忍辱负重地度过了四个年头，忍受着非人的生存条件、同志的鄙弃、内心的孤独。对他而言，“活着”才能够在未来对党和同志有价值。在完全蒙蔽了敌人后，他终于有机会给许云峰送饭，传递密道的信息，向外界党组织传递信息。终于，在他的协助下，白公馆和渣滓洞的不少革命者成功越狱，他也成了《红岩》中最孤独和感人的英雄。

新型冠状病毒给中国乃至世界带来种种不确定性，我们在配合国家做好防疫工作的同时，也调整了自己的心态，勇敢地面对疫情带来的各种困难与不便，利用好现有的条件和资源，完成了自己应当完成的各个人生阶段的任务。

(二)微观生灵的生存哲学掠影

采用“观察法”，我们还可以从更多的昆虫身上获取生存哲学。

1. 蝉：向阳而生，乐观歌唱

夏日的鸣蝉是正午时分的最佳乐手。它恣意地歌唱，歌唱生命的愉悦，欢呼着酷暑的如火骄阳，欢庆着有太阳的每一个“节日”，丝毫不顾旁人的眼光。

蝉热爱太阳。它向阳而生，最大的乐趣是让脊背沐浴在温暖的太阳光里。雌蝉在产卵前会选好朝向最佳的地方，“非常小心地避免自己偏离给它带来快乐的方向，而去一个太阳光不能直射的地方”。阳光给予生命能量与动力，也给予人生温暖、希望和光明。向阳而生，让心灵总能接收到阳光带来的世界的美好与力量，让幸福的能量灌满全身，向着希望和光明前行，总有能够到达未来的一天。

蝉从卵到长成能够歌唱的成虫要经历四年的黑暗的地下生活，要在看不到的地方努力积攒着生命的能量。在阳光中歌唱的时间，经过法布尔的推算，也只有五个星期，之后便是死亡。“四年黑暗中的苦工，一个月阳光下的享乐，这就是蝉的生活。”面对如此短暂的、欢愉的时光，蝉是乐观的，它要好好在这一个月里释放自己生命的光芒。于是它穿上“高贵的礼服”，插上薄如轻纱的翅膀，“沐浴在阳光里”，陶醉在自己的歌声中。无怪乎它的歌声听起来有些过于高亢、过于刺耳，那是它拥抱阳光和自己灿烂生命的最激动的嘶吼。

如果不知道什么时候是生命的尽头，不如让能够起舞的每一天都不负时光。未来也许很难预测，但是当下就在我们的手中。被贬“巴山楚水凄凉地”二十三年之久的刘禹锡，能够高歌“今日听君歌一曲，暂凭杯酒长精神”；被赐金放还的李白，可以写下“长风破浪会有时，直挂云帆济沧海”的名句。乐观地面对未来，积极地正视当下，良好的心态能够让生命在存在时拥有更多的快乐，也能够给世界留下更多的价值。

在人类出现之前，蝉就已经在这星球上歌唱；也许在人类消失之后，它们仍将继续歌唱，欢庆亘古不变的事物，歌颂太阳炽热的光辉。

2. 松毛虫：团结才能生存

松毛虫又名毛虫、火毛虫，也叫“结队毛虫”，因为它们总是排着队，一条跟着一条出去觅食。它们在松树上一边爬行，一边吐丝，将丝安放在树干上，作为回程的导引。每一条松毛虫爬过，都会进行同样的活动，因此有多少条松毛虫，枝干上就有多少条丝。这项浩大的工程，每个“路人”都贡献了自己的一份力量，好处也是大家共享。如果遇上极特殊的情况，队伍未能及时返回巢穴，它们也会聚拢起来，互相取暖，抵御夜的寒；又或者个别松毛虫迷了路，回错了家，主人也毫不介意这个外来者，大家一起吐丝来扩建“房子”。正是因为这种团结合作，才使得本来脆弱的松毛虫个体能够大部分生存下来。

叔本华说：“单个的人是软弱无力的，就像漂流的鲁滨孙一样，只有同别人在一起，他才能完成许多事业。”团结合作，是为了共渡难关、保存生命，是命运的抗争、力量的凝聚。人类的祖先正是靠着团结合作，驱散对自然的恐惧，开创灿烂的文明。集体是由个体组成的，而团结就是要将个体有机融入集体之中：舍弃个体的私心私利，发挥个体的才智与能力，让集体因个体而愈加完善，让个体因集体而得以生存和感到荣耀。

3. 大孔雀蝶：信仰的力量

在法布尔的实验室桌子上，一只雌性大孔雀蝶破茧而出。随之而来的，是成百上千的求爱者。“一群大蝴蝶轻拍着翅膀，围着钟形罩飞舞，落在罩子上，忽而又飞走，然后又飞回来，再飞向天花板，继而又飞下来。它们扑向蜡烛，翅膀一扇，蜡烛灭了。它们又扑向我们肩头，钩住我们的衣服，轻擦着我们的面孔。”只为与爱人相会，四十多个“情人”千里迢迢赶来，不顾路途的遥远与曲折，不顾住所的难以进入。它们在夜色中来，没有阳光做导引，左冲右突，迂回前进。大孔雀蝶从不进食，它生存的唯一目的便是传宗接代。当一个目标成为生命生存的唯一信念时，这个目标就成了信仰。为了信仰，大孔雀蝶能长距离飞行，越过重重障碍，穿过幽深的黑暗，用两三天的时间去寻觅。这便是信仰的力量。

人活在世界上总要有一种力量成为其生活的驱动力。纵观人类历史，每一次技术的进步，每一次制度的创新，每一次文明的开拓，信仰都在其中发挥了举足轻重的作用。新民主主义革命时期，正是坚定的共产主义信仰促使无产阶级革命者完成了一次次自我的超越，使他们可以超越生理的苦痛（无论是伤、病、艰难的生活条件，还是非人的折磨、虐待）；使他们可以超越精神的折磨，永远保持一种乐观主义的精神去看待自己的生活和事业，总是能够以高昂的热情投入自己所从事的共产主义事业中去；也使他们可以超越生死，坚持斗争、英勇无畏，因为他们明白“人民革命的胜利，是要千百万人的牺牲去换取的”，正如《愚公移山》：“虽我之死，有子存焉……子子孙孙无穷匮也，而山不加增，何苦而不平?”

生与死的关系以及如何面对生死是一个困扰人类的终极命题，而革命英雄们却对此做出了异乎以往任何一个时代的诠释：生是为了信仰而生，为了信仰而奋斗；死是为了信仰而死。《钢铁是怎样炼成的》中有这样一段话：

> 人最宝贵的是生命。生命每个人只有一次。人的一生应当这样度过：当回忆往事的时候，他不会因为虚度年华而悔恨，也不会因为碌碌无为而羞愧；在临死的时候，他能够说：“我的整个生命和全部精力，都已献给了世界上最壮丽的事业——为人类的解放而斗争。”①

信仰支撑着我们一步步从贫穷落后走向繁荣富强，由自卑胆怯走向自信果敢。当我们将人类社会的永恒理想和现实中的个体生命统一起来，生命便有了价值。

自然，不仅给人类提供生存的物质基础，还有无穷的精神宝藏等待人们去挖掘。万物生而有灵，生命存在即意义。“天空没有鸟的痕迹，但我已飞过。”

---

① ［苏联］尼·奥斯特洛夫斯基著，梅益译：《钢铁是怎样炼成的》，北京：人民文学出版社，2017年版，第278页。

读思旅伴

板块任务：在关心自然方面，中国古代先民为我们做出了良好的示范。《诗经》是中国古代诗歌的开端，是最早的诗歌总集，收集了西周初年至春秋的三百多篇诗歌，反映了周代社会劳动与爱情、战争与徭役、压迫与反抗，以及天象与地貌等方方面面。其中有大量作品涉及动植物。它们或是诗歌直接歌咏的对象，或是被借来兴起所吟咏之事物，或是交代时间背景等，成为《诗经》中不可忽视的生命力量。在这一板块，请同学们借助"观察法"展开阅读(摘抄、赏析词句)，关注《诗经》中的动物意象，尝试从生命之美的角度，体察万物之灵。

《诗经》：鸟兽鱼虫的生命姿态

《诗经》中的动物，有的是真实存在的实体，有的是为引出吟咏对象所使用的意象。即便是意象，它们也是作者在现实世界里看到过的实体，除了通过作者熔铸其中的情感意蕴打动人之外，它们和实体一样，也具备一种生命之美，一种动人的观感价值，呈现着令人陶醉的感性形态。我们通过精读与略读相结合，摘抄、品读与之相关的词句，鉴赏它们的生命之美。

(一)动人之姿

马是古人生活中必不可少的动物，不仅可用于交通运输，还承担礼仪之责。《诗经》中的马体魄强健、精神昂扬。

叔于田，乘乘马。执辔如组，两骖如舞。叔在薮，火烈具举。袒裼暴虎，献于公所。将叔无狃，戒其伤女。

叔于田，乘乘黄。两服上襄，两骖雁行。叔在薮，火烈具扬。叔善射忌，又良御忌。抑磬控忌，抑纵送忌。

叔于田，乘乘鸨。两服齐首，两骖如手。叔在薮，火烈具阜。叔马慢忌，叔发罕忌。抑释掤忌，抑鬯弓忌。

——《郑风·大叔于田》①

在《郑风·大叔于田》中，主人公乘着马车完成了一次出色的狩猎。涉及马的句子有"乘乘马。执辔如组，两骖如舞""乘乘黄。两服上襄，两骖雁行""乘乘鸨。两服齐首，两骖如手"。其中，"骖(cān)"是驾车的四匹马中两边外侧的马；"黄"

---

① 本文中《诗经》内容引自褚斌杰注：《诗经全注》，北京：人民文学出版社，2021年版。

是黄马；“服”是驾车的四匹马中间的两匹；“鸨(bǎo)”也是一种马，黑白杂毛，其色如鸨，故以鸟名马。不难看出，参与狩猎的四匹马都是精心挑选的各色的良马。它们的毛色油亮，在阳光下反射着或黄或黑的绸缎般的光泽。它们的体态丰满，线条匀称，四肢健壮有力。两匹骖马比两匹服马稍后，组成了一个“雁阵”。

诗歌开篇，四匹马拉着马车出现在广袤的田野上，呈现出一幅开阔、飞动的画面。“如舞”“上襄”“雁行”“齐首”“抑纵”既是诗人对叔的御马技术的赞扬，也体现出马儿奔跑姿态之美。它们高昂着头颅，目光炯炯，姿态昂扬；它们排列整齐，步伐统一，每一步都是力量与美的展现。“雁行”既写出了它们的排列有序、步伐一致，也侧面表现出它们奔跑速度之快，如大雁飞行，穿行风中。或黑或黄的鬃毛，奔跑中如猎猎旌旗飘扬，编织收获的凯歌。

火光、风声、草动、兽叫中，四匹马风姿卓越，刚健充沛的生命力得以彰显。

《小雅·车攻》中，也有对于马的描述：“四牡庞庞”“四牡孔阜”“驾彼四牡，四牡奕奕”“四黄既驾，两骖不猗”。“四牡”“四黄”指的都是马。“庞庞”形容马高大强壮，“孔阜”表示高大肥硕、有气势，“奕奕”指马从容而迅捷，“不猗(yǐ)”指两马并驾齐驱、没有偏斜。在狩猎的队伍中，马儿威风凛凛。它们高大强壮、身材肥硕、气势逼人，奔跑时动作迅捷、体态优雅、雄武整齐。马儿的姿态展现出一派威武雄健的气度，传达着民族的振兴与强盛。

除此之外，虫、鱼、兽的姿态也在《诗经》中得到了尽善尽美的展现。“趯趯”是蝗虫在草丛中跳动的姿态，“娟娟”是野蚕蜷缩的姿态，“唯唯”是鱼群聚游动的样子，“绥绥”是马落单独行的样子，“伎伎”是小鹿奔跑的姿态，“爰爰”“跃跃”是兔子缓行和急跳时的姿态。①

健康的外形、符合生命特征的行动，是具有勃勃生机的生命的外在表现。生命之美，美在姿态。

(二)悦耳之声

《诗经》的时代是一个歌唱的时代，在一片歌咏声中，鸟儿的声音最为响亮。

“关关雎鸠，在河之洲。”(《周南·关雎》)一声雎鸠鸟的鸣叫，解开了《诗经》的第一页。朱熹《诗集传》曰：“雎鸠，水鸟，一名王雎，状类凫鹥，今江、淮间有之。生有定偶，而不相乱；偶常并游而不相狎。”②水草丰美的沙洲之上，水鸟一雌一雄，一应一和地“关关”合鸣。静静的流水映照着关雎鸟的倒影，它们也许

① 张守华：《〈诗经〉动物意象研究》，曲阜师范大学硕士学位论文，2010年。
② (宋)朱熹：《诗集传》，上海：上海古籍出版社，1980年版，第1页。

正在拍打着翅膀，也许在互相清理毛发，叫声中充满了无限的爱恋，表达对爱情的真诚与执着。

最家常的动物鸣叫带给我们最温暖的体验。《郑风·风雨》中鸡鸣贯穿始终。

风雨凄凄，鸡鸣喈喈。既见君子，云胡不夷？
风雨潇潇，鸡鸣胶胶。既见君子，云胡不瘳？
风雨如晦，鸡鸣不已。既见君子，云胡不喜？

这首诗以风雨寒凉、鸡声四起，衬托见到君子的惊喜欣叹。“喈喈”“胶胶”都是鸡鸣叫的声音。在没有计时工具的时代，鸡鸣便是人们开始一天劳作的信号。农家小院中，伴着黎明时东方的鱼肚白，公鸡的鸣叫划破了寂静。它是那么高亢嘹亮，一种太阳使者的骄傲感融注在这鸣叫声中余韵悠长。接着，是第二声、第三声……歌唱者仿佛要将积攒了一晚上的气力全都用光，又或者它太心急了，深情地一遍遍呼唤万物之主。它拉开了一家人起床、做饭、劳作，以及享受天伦之乐等温馨而又平凡的日常生活的序幕，也开启了它与母鸡分工协作的又一天。我们不难想象，也许不久后，在母鸡“咕咕”的叫声中，一枚圆滚滚的鸡蛋会出现在眼前。这叫声是生命繁衍者的自夸，是对新生命最真切的期盼。和谐之美、欣欣之意在鸡鸣声中升腾。正如《郑风·女曰鸡鸣》中一声鸡鸣给整首诗带去了明亮且饱含情意的光彩，也啼亮了周人的诗意人生。

鸡鸣建立了时空的联系。生存的秩序里，是尊重，是各尽其责的酬答，是生命最温暖的味道。

“伐木丁丁，鸟鸣嘤嘤”（《小雅·伐木》）中，有成群结队的鸟儿呼朋引伴的合鸣，声音婉转悠扬、悦耳动听，虽不响亮，但却穿过幽谷和山林。这鸣叫声是对知音的渴望。“鹤鸣于九皋，声闻于野”“鹤鸣于九皋，声闻于天”（《小雅·鹤鸣》）中，有高傲的白鹤拉长脖子发出的清亮声音。它迈着优雅的步伐，在沼泽中踱步，知道自己的声音会响彻田野与云霄，那是它对自己仙风道骨、君子品性的自信。“呦呦鹿鸣，食野之苹”“呦呦鹿鸣，食野之蒿”“呦呦鹿鸣，食野之芩”（《小雅·鹿鸣》）中，有温顺的小鹿一边啃食青草，一边浅唱低吟。它们在呼唤可爱的同伴，共享这丰盛的一餐，共叙各自的见闻与情怀。“喓喓草虫”（《召南·草虫》）和“鸣蜩嘒嘒”（《小雅·小弁》）中，有青草尖蝈蝈的欢唱和繁荫佳木上蝉儿的高歌。

这些声音相互交织，共同奏响了《诗经》中的一片天籁，传递着生命的信息。生命之美，美在音韵。

(三)自由之魂

没有山川河流的阻碍，只有辽阔无边的蔚蓝，天空是生命最自由的场域。

鸟儿区别于其他物种，很大程度上在于其独具的飞翔能力。它们在飞翔的高度、速度、持久性上远超其他可以飞的动物。在《诗经》中，我们可以见到各色的鸟儿飞翔在无边的天空中。

燕燕于飞，差池其羽。燕燕于飞，颉之颃之。燕燕于飞，下上其音。(《邶风·燕燕》)

雄雉于飞，泄泄其羽。(《邶风·雄雉》)

仓庚于飞，熠燿其羽。(《豳风·东山》)

鸢飞戾天。(《大雅·旱麓》)

宛彼鸣鸠，翰飞戾天。题彼脊令，载飞载鸣。(《小雅·小宛》)

鴥彼飞隼，载飞载止。鴥彼飞隼，载飞载扬。鴥彼飞隼，率彼中陵。(《小雅·沔水》)

鹑之奔奔，鹊之强强。鹊之强强，鹑之奔奔。(《鄘风·鹑之奔奔》)

鴥彼晨风，郁彼北林。(《秦风·晨风》)

翩翩者鵻，载飞载下，集于苞栩。翩翩者鵻，载飞载止，集于苞杞。(《小雅·四牡》)

鸿雁于飞，肃肃其羽。(《小雅·鸿雁》)

振振鹭，鹭于下。振振鹭，鹭于飞。(《鲁颂·有駜》)

(注：不完全统计)

这其中，有燕子("燕燕")、野鸡("雄雉")、黄莺("仓庚")、鹰("鸢""晨风")、斑鸠("鸠")、鹡鸰("脊令")、"隼"、鹌鹑("鹑")、喜鹊("鹊")、鹁鸪("鵻")、"鸿雁"等。诗句中的它们以各自不同的形态展翅在蓝天下，与清风为伴，无往不至。

"小燕子，穿花衣，年年春天来这里……"这首童谣陪伴着每个孩子长大，燕子也成了童年回忆里的一抹暖色。"燕燕于飞，差池其羽。""燕燕于飞，颉之颃之。""燕燕于飞，下上其音。"三句诗分别交代了燕子飞翔时的外形、状态和声音。"差池其羽"是说燕子的翅膀展开不整齐，那是燕子黑色晚礼服的特殊剪裁；"颉之颃之"是说它飞翔时忽上忽下的状态，那是它与柳叶嬉戏、享受三月暖阳的恣意；"下上其音"是说它在飞翔时发出的呢喃之声，那是它在春风中愉快的歌声。阳春三月，一只只燕子蹁跹起舞，上下翻飞，自由鸣唱。燕子的自由之魂里，是对春光的不辜负，是对美好春天的热爱，活泼而烂漫。

雒，一种短尾的鸟，也叫鹁鸠、鹁鸪。它忽高忽低地飞翔，飞一会儿停一会儿，累了就停歇在柞树、枸杞树上。鹁鸪多么逸豫闲暇！它自由地飞上飞下，想飞就飞，想停就停，没有外物的负累，没有束缚。累了可以任意停歇，在柞树上行，在枸杞上也行，想停在哪里就停在哪里。它的生命是自我的，它拥有对自己前进方向和状态的全部掌控权。鹁鸪的自由之魂，是凭借自身意志(也可能是本能)而行动，不受限制和阻碍，我行我素，潇洒而恣意。

隼为猛禽。“鴥(yù)彼飞隼，载飞载止。”“鴥彼飞隼，载飞载扬。”“鴥彼飞隼，率彼中陵。”“鴥”是形容逆风疾飞的样子，“扬”表示高飞，“率”是循着、沿着的意思。游隼逆风而借势，时而滑行，时而高高地翱翔，有时还沿着山陵来回地飞。飞翔对于隼而言，是一种能力的展示。在一切生命体中，隼是最野性、最孤傲的。它敢与青天比肩，常与高山做伴，高低俯仰，任意逍遥。自由，是绝对实力的举重若轻，是对强大敌人的自由驾驭，对自己命运的主宰，扶摇直上九万里。

各种颜色的翅膀在《诗经》的天空舞动，让我们生出美的共鸣。自由之魂，不因个体的渺小或巨大而有差异，呈现出或活泼可爱，或潇洒恣意，或任意逍遥的不羁之美。

(四)美好之神

1. 不卑不亢，只争朝夕

蜉蝣幼虫生活在水中，成虫褐绿色，有四翅，稚虫水生，成虫不取食，寿命很短，最短仅几个小时而已。

> 蜉蝣之羽，衣裳楚楚。心之忧矣，于我归处。
> 蜉蝣之翼，采采衣服。心之忧矣，于我归息。
> 蜉蝣掘阅，麻衣如雪。心之忧矣，于我归说。
>
> ——《曹风·蜉蝣》

微弱、细小的蜉蝣刚刚破土而出，轻轻舞动雪白的麻纹衣服，我行我素地在空中振翅飞舞，它享受着色彩明丽的外衣赋予它的美好与活力，也尽情地展示着这美丽的华服和美好的生命姿态。这份淡定从容令人感佩。《毛诗故训传》说“朝生暮死，犹有羽翼以自修饰”，意在言尽管蜉蝣的生命很短暂，但是它不辜负自己这短短的一生，用有限的生命能量塑成华美的羽翼，修饰自己，愉悦自己和世界。的确，蜉蝣一生短暂，却要经历卵、稚虫、亚成虫和成虫四个时期，不卑不亢地、完整地走过进化之路。对于蜉蝣而言，也许下一秒就是死亡，但它只争朝夕。晋代的傅咸作《蜉蝣赋》曰："有生之薄，是曰蜉蝣。育微微之陋质，羌采采而自修。不识晦朔，无意春秋。取足一日，尚又何求？戏渟淹而委徐，何必江湖而是求！"[①]也许生命体无法决定生命的长度，但是可以在厚度的维度上，增强生命的体验，让它超越时间，永恒存在。

小小蜉蝣，有着把握当下、只争朝夕之灵！美哉！

2. 绵延子嗣，生生不息

螽斯是鸣虫中体型较大的一种，覆翅膜质。雄虫前翅具发音器。雌虫具有强大的繁殖能力，多次交配，分批次产卵，一次约产数百粒卵。

螽斯羽，诜诜兮。宜尔子孙，振振兮。
螽斯羽，薨薨兮。宜尔子孙，绳绳兮。
螽斯羽，揖揖兮。宜尔子孙，蛰蛰兮。

——《周南·螽斯》

《诗经》中是这样歌颂螽斯的：螽斯扇动翅膀，群集低飞啊。你的子孙多又多，家族正兴旺啊。螽斯扇动翅膀，群飞嗡嗡响啊。你的子孙多又多，世代绵延长啊。螽斯扇动翅膀，群聚挤满堂啊。你的子孙多又多，和睦好欢畅啊。[②]

不同于我们今天对螽斯属于"害虫"的科学定位，周代的先人们对螽斯充满了喜爱。小小的螽斯，在自然界中艰难生存。它们有天敌，如鸟类、鼠类、昆虫等，还有各种因素引起的病害，如生翎、白僵病、结粪等，但是它们这一种群一直生存到了现在，靠的大概就是生命本能对于"繁衍"的热爱。

一个生命体的力量是渺小的，生存时间是有限的，但是一个生命种群的生存时间在某种意义上说是无限的。如果无法改变个体的力量与寿命，增加种群的数量无疑是延长种群寿命的最佳方式。一只螽斯结束了生命，但是成千上万的螽斯已经在土中悄悄埋下，等待来年夏日被唤醒。于是在艳阳高照之时，田野里又多了许许多多的螽斯，见不同的风景，经历不同的"虫生"，歌唱生命的美好。严文井在《永久的生命》中写道："感谢生命的奇迹，它分开来是暂时的，合起来是永久的。它是一个不懂疲倦的旅客，总是只暂时在哪一个个体内住一会儿，便又离开前去。那些个体消逝了，它却永远存在。它充满了希望，永远不休止地繁殖着，蔓延着，随处宣示它的快乐和威势。"在希望之光下，在青绿的草丛中，螽斯上下飞舞，热烈地交尾，高声地歌唱，不仅享受生命的每一天，更用每一天来创

① 陈子展撰述：《诗三百解题》，上海：复旦大学出版社，2001 年版，第 544 页。
② 黎波：《诗经》，长春：吉林美术出版社，2015 年版，第 38 页。

造繁殖的机会，延长集体生命的长度，用繁殖让自己这一物种超越时间，永恒存在。

欢乐的螽斯，有着绵延子嗣、生生不息之灵！美哉！

《诗经》穿越两千多年的历史风尘走到今天，引代代骚人围绕之著书立说，成一家之言。万物有灵，《诗经》中的草、木、鸟、兽、虫、鱼有灵。

今天，我们回归周人的真实生活，与《诗经》中的动物对话，真正地走进万物，发现其中的生命之美。天不言而四时行，四季轮回，万象更替，生命百态，流动交融。骏马、鹰隼、蜉蝣、螽斯……各有自己的生命姿态，与它们对话，亦是与自己的心灵对话，感受大美天地。

读思飞扬

板块任务：《昆虫记》和《诗经》是人类对自然界长久、细致地观察，耐心思考、感悟的结果。前者走向了理性层面，进行科学研究，解释其中的原理奥秘；后者走向了感性层面，作为情感与哲思表达的载体。这两本书也让我们看到了一个万物“共生”的世界，无论是昆虫世界中彼此依赖的“共生”关系，还是《诗经》中周人生活的充满自然之美的世界。请大家思考，“共生”的生存哲学在两部作品中有哪些表现？这带给我们什么生命启示？

生存之道

——《昆虫记》和《诗经》中的“共生”

(一)探究方法建议

1. 查阅资料，了解“共生”内涵。

2. 勾画摘抄原文中涉及“共生”内涵的主要内容。

3. 通过相关内容归纳、分析两本书中“共生”的具体表现。

4. 思考“共生”对当今人类社会的意义和价值。

(二)探究过程

1.“共生”内涵

“共生”的概念最先由德国真菌学家德贝里在 1879 年提出，指不同种属生物在一起的状态。在现代生物学中，“共生”被认为是一种相互性的活体营养性联系，动物、植物、菌类以及三者中任意两者之间都存在“共生”。本探究参考华中科技大学史莉洁的《“共生”理论及其当代意义》中的概念：“‘共生’指人与自然、人与社会、人与人之间互利共生，和谐发展的生存状态和生存模式。‘生’不仅仅包含存在、生存，不是事物的简单延伸，而是吸收了新的质、新的内涵、新的要素，从而有着改进、提高、优化、发展含义。”①

2.《昆虫记》中的“共生”

(1)生物间生存的相互依赖(满足生存的食物链关系)

一棵樱桃树下的共生系统。在“螳螂”一章中，法布尔被荒石园中的一棵樱桃树所吸引。樱桃树获取土地的滋养，在春天挂满了鲜红的樱桃，引来了成群的麻雀在树上大吃特吃，还有小小的胡峰、花金龟、小飞蝇美滋滋地享受这甜美的果浆。终于有一些残渣或者熟透的樱桃掉在了地面上，蚂蚁、蛞蝓进一步把果核上的残渣啃食干净，田鼠们把果核搬回洞里作为冬天的食物储备。动物的尸体将化为樱桃树的养料，回归到树根深处的土壤里，再次滋养樱桃树，滋养樱桃树下的青草，满足蝗虫的生存，身后的螳螂又以蝗虫为食。等螳螂产完卵后，蚂蚁参与分享螳螂的幼虫，而蚂蚁又被其他动物捉去吃。在大自然的食物链里，大大小小的生命无论以怎样的方式生存，都是为了开始而结束，为了新生而死亡。

与此相似，还有萤火虫用麻醉的方法对蜗牛的吸食；蟋蟀的幼虫难逃蚂蚁的嘴巴；小灰蜥蜴以隧蜂为食；朗格多克蝎以蚱蜢为食；金步甲以蜗牛为食；小蜂在象虫的幼虫或蛹上产下一只卵，并以它们作为卵的营养来源……在这个世界里，昆虫们彼此没有宿怨与仇恨，为的是自己这一种族的生命的延续，在满足生存的条件后，不会对另一物种实施灭绝性的屠杀。在自然面前，大家都是弱者，各行其是，遵循自然的法则。

(2)小飞蝇和隧蜂的奇异邻里关系

隧蜂是一种十分勤劳，以采花酿蜜作为食物的昆虫。而小飞蝇是一种身长五毫米的双翅目昆虫，眼睛暗红，面色白净，胸廓深灰，上有五行细小黑点，黑点上长着后倾的纤毛，腹部呈浅灰色，腹下苍白，爪子系黑色。我们不知道小飞蝇是否劳动，在《昆虫记》“隧蜂”一章中，它是个十足的不劳而获的“小人”。它经常尾随满载而归的隧蜂，直至隧蜂的洞，等到隧蜂在自己的家里做完活计出门后，便立刻飞进隧蜂的家，大胆地享用隧蜂的劳动果实。它精确地计算好了隧蜂外出的时间，总能赶在隧蜂回来之前出去，并且守候在不远处，等待下一次的“入侵”。不仅如此，它还建造了自己的产卵室，将自己的卵产在隧蜂做好的花粉面包上，小飞蝇的幼虫尽管不虐待隧蜂的幼虫，但却导致其因吃不饱而孱弱不堪，最终死去。死去的隧蜂幼虫又与剩下的食物混在一起，成了小飞蝇幼虫的食物。

---

① 史莉洁：《“共生”理论及其当代意义》，华中科技大学硕士学位论文，2006年。

隧蜂体型比小飞蝇大许多，却默许了这种行为的发生。它常常和小飞蝇面对面，但双方都不动声色，互相对视片刻后，就各做各的一份事儿去了。即便偶尔撞见小飞蝇在自己的洞中抢掠食物，它也毫无反应，只要小飞蝇不要总围着自己和自己制作的“面包”转悠。在自己的幼虫遭受小飞蝇幼虫的欺凌时，隧蜂妈妈也不会特地去照看它们，而是任由“欺凌”发生。

没有人可以理解隧蜂表现出的这种“宽厚”是何种原因造成的，法布尔的研究也只是发现，在隧蜂第二次做妈妈时，她会很警觉地守住洞口，不让任何外人靠近。这里没有物种之间的互利关系，也没有成虫之间的彼此消灭的生存关系，有的只是一方对另一方住宅及资源的掠夺和强占，而“受害者”一方包容了这一切的发生，没有任何的打击报复。两个物种在一个空间共同生存的现象也许在未来的研究中会被科学进一步解释，但现在只能留给我们无限的惊叹。

(3)大自然的生态净化

在法布尔看来，自然界中存在两类“清洁工”。一类专门从事尸体的解剖，如苍蝇、葬尸虫、皮蠹、食尸虫类、阎虫科。它们“把尸体分割切碎，在自己的胃里把碎尸烂肉消化之后再还以生命”。不到二十四小时，就可以打扫干净一个动物的死亡现场。另一类专门从事粪便的清理工作，如各种食粪虫。它们通过自己勤劳的双手将粪便进行分解，还自然以洁净。

食粪虫对粪便的狂热不亚于美洲的淘金者，它们有的在表面搜刮，有的钻进粪便里寻找优质“食物”，有的三下五除二把“财宝”埋进附近的土里，有的在原地开吃，还有的要精心地制作粪球，不辞辛苦地运回自己的洞穴再慢慢享用。其中，圣甲虫对粪便进行深加工，它们挑选优质原料制作粪球，为宝宝制作粪球时更是精益求精；粪金龟则鲁莽很多，它们不加筛选，大量地往地下囤积超出自己食用量的粪便。无论是哪一种清理方式，都在某种程度上保障了这一区域的净化。同时，被它们埋藏或在运输过程中掉落的粪便，又会使周围的植物枝繁叶茂，而以植物为生的动物，如牛、羊等，也有了更加充裕的食物，从而产生大量的粪便，最终形成了共生的循环。

各种生命都在大自然中以自己的方式表达对生的尊重、歌颂和赞美，自然界的法则可以健康有序地运行。而人类随着社会的进步、文明的发展，不知什么时候才能认清自己是自然之子这一现实。法布尔说：“人过分热切地想成为神，却不能像动物一样享有恬静平和的长寿；人类将会消失，而小铃蟾们则将继续和蝈蝈儿、角鸮还有其他小动物一起，吟唱它们的经文。在人类出现之前，它们就已经在这星球上歌唱；在人类消失之后，它们仍将继续歌唱，欢庆亘古不变的事物，歌颂太阳炽热的光辉。”

3.《诗经》中的“共生”

(1)日常审美之对象

《卫风·硕人》描写了齐女庄姜出嫁卫庄公的盛况，着力刻画了庄姜高贵、美丽的形象，其中有这样一段对人物外貌的描写令人印象深刻：“手如柔荑，肤如凝脂。领如蝤蛴，齿如瓠犀。螓首蛾眉，巧笑倩兮，美目盼兮。”“荑”是白茅之芽；“蝤蛴(qiú qí)”是天牛的幼虫，色白身长；“瓠犀(hù xī)”是瓠瓜子儿，色白，排列整齐；“螓(qín)”似蝉而小，头宽广方正；“蛾眉”是蚕蛾触角，细长而曲。作品中用植物白茅、瓠犀和动物蝤蛴、螓、蛾写出了庄姜的手像柔嫩的白茅，又白又嫩；牙齿像瓠瓜的子儿，又白又齐整；脖颈似蝤蛴，白而长，弧线优美；前额像螓一样丰满开阔；眉毛细长而弯曲。白色代表了尊贵、圣洁和美善，激发人对纯真天性的联想和对高洁人格的向往。我们一方面感叹庄姜“巧笑倩兮，美目盼兮”的美貌，一方面也可以看出先民对自然界的观察多么细致，又是多么热爱自然界的万物，恰到好处地采用了这些动植物去表现庄姜的美。

无独有偶，《小雅·都人士》中用“虿(chài)”表现旧日京都人物的仪容。文中写道：“彼君子女，卷发如虿。”虿是蝎类的一种，长尾曰虿，短尾曰蝎。在这里，虿用来形容一种向上卷翘的发式，表现了京都人物的娴雅端庄，十分可爱。今天让我们避之不及的蝎子，先民们却发现了它们独特的美，给女子的发型作喻。

在先民们看来，这些动植物无疑是自然界美的代表，是他们审美的对象。

(2)情感表达之载体

在《诗经》中，诗歌艺术表现出强大的圆融性，即人与宇宙万物的圆融。它不突出人，只让我们在万象中触摸自身、感悟自身，体会相即相容的“濠上之乐”。

我徂东山，慆慆不归。我来自东，零雨其濛。我东曰归，我心西悲。制彼裳衣，勿士行枚。蜎蜎者蠋，烝在桑野。敦彼独宿，亦在车下。

我徂东山，慆慆不归。我来自东，零雨其濛。果蠃之实，亦施于宇。伊威在室，蠨蛸在户。町畽鹿场，熠燿宵行。不可畏也，伊可怀也。

我徂东山，慆慆不归。我来自东，零雨其濛。鹳鸣于垤，妇叹于室。洒扫穹室，我征聿至。有敦瓜苦，烝在栗薪。自我不见，于今三年。

我徂东山，慆慆不归。我来自东，零雨其濛。仓庚于飞，熠燿其羽。之子于归，皇驳其马。亲结其缡，九十其仪。其新孔嘉，其旧如之何！

——《豳风·东山》

《豳风·东山》以周公东征为历史背景，以一位普通战士的视角，叙述了东征后归家前复杂而真挚的内心感受，表现出对战争的思考和对人民的同情。诗歌的第一章交代了他从东山返家的天气和欣喜之情。他借野蚕蜎蜎地在树上爬，享受待在自己田野桑林中的家的安逸之景，表现了他在归家途中风餐露宿的辛苦，以及摆脱军旅生涯的羁勒得以返家的欣喜。

第二章是他对家乡的变化与前途的猜测。家园的荒芜、民生的凋敝通过栝楼、地虱、蜘蛛、小鹿、萤火虫等表现出来。他想象栝楼藤上可能已经结了瓜，藤蔓爬到了屋檐下。屋子里非常潮湿，滋长了许多地虱，门上挂着蜘蛛结的网。田舍旁的空地成了野鹿休息活动的场所，萤火虫光亮闪闪，飘荡在无人的夜间。主人公此时的心情非常复杂：一方面越来越接近家乡，内心喜悦；另一方面由于大规模的战乱，家乡此时该是何种景象他并不确定，心中充满了忧虑。不过，最终自由和得以归乡的喜悦还是战胜了不确定的恐惧，令他说出了“不可畏也，伊可怀也”的话。

第三、四章主人公遥想家中的妻子，通过写妻子对丈夫的思念和对往事的甜蜜回忆，更加突出了丈夫对妻子的怀念。作者用恩爱的白鹳在小丘上轻轻鸣叫、互相呼唤起兴，引出妻子对自己的深深思念和忧愁叹息。可想而知，主人公也在深深思念他的妻子，不忍妻子这般忧愁。接着，用羽毛上闪着明亮光辉的黄莺欢快地在天空中飞翔的画面，引出了大婚之日的喜悦场景。那天一定是个风和日丽的好日子，成双成对的黄莺鸟儿或互诉衷肠，或为筑巢衔枝奔忙，和煦的春光下、茂密的树叶间到处都是它们美丽的身影。婚礼当天的欣喜之情满溢。迎亲的马是白中透黄的骏马，马儿的英俊刚健，也是人的写照，可见我们的主人公也是一位仪表堂堂、器宇不凡的男子。一幕幕美好的画面在主人公的脑海掠过，对家和爱人的渴望和思念也就越来越深重。

全诗联想丰富，重章叠句，回环往复地吟诵，不是音节的简单重复，而是情节与情感的推进。诗中不假掩饰的直白的情感表露与稍显含蓄的描摹物象相结合，极大地增强了艺术感染力，使人产生强烈的情感共鸣，正如曹操《苦寒行》中所说“悲彼东山诗，悠悠使我哀”。

《诗经》中的丰富意象表现出来的生命与情感之美，令我们管窥到中国古代先民们对自然界的悉心观察，以及与自然万物的共生。庄子在《齐物论》中说“天地与我并生，而万物与我为一”，这种会通物我的思想强调的就是人与世界的本然关系，人即世界的一部分。先民们生存在一个动植物繁茂的环境中，也深深依赖着自然万物。在他们看来，自然万物是与自己一样平等地共存于宇宙大家庭中的一分子。他们在情感上与自然万物没有隔膜，将自己的生命体验与万物等同，进而吸收到自己的吟唱中，形成绮丽的诗篇。

4.“共生”的生存启示

无论是从客观世界生产生活的角度，还是从主观世界情感与精神需求的角度，自然中的万物都有各自存在的价值，也有其生存的权力。

“人类把其栖息、寄寓的自然当作纯粹的客体来对待，人类不再畏惧、臣服于自然，人类开始了狂妄的征服之路。就在人们欢呼胜利，沉醉于征服掠夺自然所带来的短暂‘快感’的同时，人类也为其愚蠢的行为付出了昂贵的代价。生态平衡遭到破坏，地球不堪重负，千疮百孔，到了 20 世纪末，人类中心主义的悲剧已表露无疑，生态危机、社会危机、道德危机、精神危机、文明危机，构成人类社会的五大危机，严重威胁着人类的生存发展。”①

人类应当认识到自己只是自然界中的一分子，必须依靠自然来生存，不应以自我为中心妄图控制自然，要与自然和平相处，并以人类特有的能力与自然对话，关怀自然。“共生”是自然规律，如生态平衡规律运行的必然结果。“人类只有限制甚至舍弃自己的一部分权利，与他者‘共生’，才能使自己有更广阔的生存发展空间”②，收获真正的生命的宁静与优雅。

由与自然万物的“共生”可进一步推导至人类之间不同种族和国家的“共生”。人类文明因其多样性而灿烂辉煌，各个文明没有高低优劣之分，都有其存在的价值。在全球化背景下，每个民族只有互相尊重、互相包容、互相学习、互相帮助，才能实现共同发展。

日月更替，四季变换，“情通四时，与物有宜”。

读思墨涌

板块任务：同学们，阅读完《昆虫记》和《诗经》两本书，请从“生命之思”的角度，选取你印象最为深刻的昆虫，谈一谈你对它的认识和它带给你的生命思考。

---

① 史莉洁、李光玉：《走向“共生”——人与自然，人与人的生存哲学》，《华中农业大学学报（社会科学版）》，2006 年第 1 期，第 11 页。

② 同上。

学生作品展示

《昆虫记》之"成全"的智慧

蓝雅祺

豌豆象是一种小头、大嘴，通体灰色，有褐色斑点、扁平鞘翅的小昆虫。它们的尾根有两个大黑痣，身材矮粗，下颌有力。

法布尔采用观察法、推理法、文献法、实验法研究其生活习性。豌豆象的幼虫生活在豌豆中，且常常是几只生活在同一粒豌豆中，不断向营养最丰富的中心迈进。当有一只幼虫占据了中心位置时，其他幼虫接收到信号后，立即绝食自杀。胜利者继续啃食豌豆，但不吃表皮，既防止捕食者轻松进入，也为将来成虫出豆提供条件。

豌豆象喜欢在清晨的明媚阳光下交配，中午烈日当空时躲避到花褶的阴处，在长有蝴蝶翅膀纹路的花上安营扎寨。雌虫将卵产在豌豆荚的表皮上，经常产下卵后就离开，不管不顾，任其生长，所以幼虫的成活率不高。

令我印象最深刻的要数豌豆象的幼虫。它们被雌虫产在豌豆荚中后，便开始了漫长的自我成长之路，在努力吸收营养促进身体变化的同时，向营养最丰富的中心迈进。对于个体而言，占据中心位置一般是占据了最有利的成长环境，可以使自身更为茁壮；又或者"团结协作"，大家各占一处，虽然不能自己全部占有，但至少要分一杯羹，保全自己。但是，豌豆象幼虫打破了这一处事法则。小小的幼虫个体，它们彼此之间不知是通过什么方式联系，在发现中心部位有幼虫占据之后，其他幼虫便不再往前探路。迟到的幼虫没有去与幸运的优胜者争抢，没有试图去将它赶走，而是选择了死亡。它们不去吃自己豌豆之外的豌豆，宁愿死去也要严守底线。这种淳朴的忍让精神不仅令法布尔感动，也令我感慨不已。

死亡的豌豆象幼虫似乎很傻，但其实豌豆中心的营养物质是有限的，如果都去分一杯羹，就会导致所有幼虫无法吸收足够的营养，从而可能全部死亡。豌豆象幼虫为了保证同种族更伟大的利益——存活率，而甘愿自杀，成全那个最早到达中心的优胜者，也就成全了种族繁衍的希望。这也许就像习近平总书记所说的"将小我融入大我"。革命战争年代的毛泽东、周恩来等老一辈革命家，新中国成立初期的雷锋、王进喜、邓稼先……，改革开放后的吴良镛、樊锦诗、袁隆平……这些闪闪发光的名字无不是将自己的成长成才融入祖国社会主义建设和发展的"大我"中，成就了中国的一个又一个奇迹。他们的生命虽然有结束的一天，但是他们的精神永载史册。

我们这一代青年正处在中华民族伟大复兴的重要时刻，如果我们每个人都可以像豌豆象幼虫那样，心怀“成全”的信仰，牢牢树立振兴中华的远大目标，将自己的人生理想融入国家和民族的事业中，把中华民族伟大复兴的历史责任担在肩上，就能够促进国家的发展、人民的幸福，最终成就自己绚丽的人生。

“滚滚长江东逝水”，让我们在历史洪流中砥砺前行，将小我融入大我，追求“海一样的胸怀，山一样的崇高”。

二、众生理中含情

理与情，是何关系？是彼此映照，还是彼此矛盾？人与自然又是怎样的一种关系？

《昆虫记》是一部科学著作，法布尔将理性介绍与感性表达巧妙地结合在一起，从昆虫世界中生发出对自然和人生的认识与感悟，在真实客观之余，向我们展示了科学研究的温情，更展示了他对自然的热爱、对科学的执着和对生命的尊重。

《海底两万里》是一部科幻小说。科幻大师阿西莫夫将科幻定义为“关注科技进步对人类影响的文学分支”。幻想并非虚妄，而是与科学紧密相联，它们预先潜入时间深处，勾勒出未来的画面展示给众人，警示人类在技术、文化、伦理等众多领域可能面临的问题，提醒人们用另一种视角去思考日常生活中的种种选择和挑战。

理中含情，情理交融。我们在与自然的交互中，看到的是生命，是科学，还有世界之情。

读思讲堂

板块任务：同学们，《昆虫记》是一部严谨的科学著作，材料丰富翔实，论述细致严密。在书中，法布尔大胆地向权威提出质疑，用自己的细心观察破除迷信、纠正偏见，将观察所见和实验所得组织整理后，结集成书。它还是一部优美的文学著作，抒情真挚动人，是法布尔心灵的透镜，交织着他的回忆和生活片段，我们从中可以感受到他质朴而伟大的人格。这一板块，我们重点探究《昆虫记》中自然探索的科学精神和蕴藏其中的人文关怀。请同学们阅读《昆虫记》，通过法布尔对自然的探索、对昆虫的探究，发现法布尔的实验方法、科学精神和人文关怀，思考情与理的关系。

《昆虫记》：自然探索的人文关怀

法布尔是19世纪中后期著名的昆虫学家。19世纪，是欧洲科学取得重要进展的一个时代。30年代以后，自然科学取得重大进展，细胞学说、能量守恒和转化定律、生物进化论三大发现，改变了欧洲人对世界和自然的看法，进一步激发了人们探索未知世界的热情。于是，大量的科幻小说、科普文章应运而生。《昆虫记》便是这一时期的扛鼎之作，它把读者的目光引向了一个奇特的昆虫世界。

(一)《昆虫记》的前世今生

1879年《昆虫记》第一卷问世。1907年，《昆虫记》第十卷问世。

1923年1月26日《晨报副镌》上刊出周作人的《法布耳〈昆虫记〉》，他说道："法布耳的书中所讲的是昆虫的生活，但我们读了却觉得比看那些无聊的小说戏剧更有趣味，更有意义……我们看了小说戏剧中所描写的同类的运命，受到深切的铭感，现在见了昆虫界的这些悲喜剧，仿佛是听说远亲——的确是很远的远亲——的消息，正是一样迫切的动心，令人想起种种事情来。"[①]他希望中国有人能够承担起这部著作的翻译工作，将《昆虫记》推广至更多的人。

而鲁迅先生也一直钟情于《昆虫记》。他对其深入浅出的语言做出了较高的评价，认为中国的思想启蒙必须从知识阶层做起，为年轻学生们提供可读之书。1925年，鲁迅在信中讲到，我国写科学普及类著作的学者应当像法布尔讲"昆虫故事似的有趣，并且插许多图"。他从1924年起就开始购买《昆虫记》，直到生命最后一年，还在从欧洲陆续邮购《昆虫记》英译本，计划与其弟合译出来，可是没有成功。

达尔文称法布尔为"无与伦比的观察家"。现代作家巴金认为，《昆虫记》融作者毕生的研究成果和人生感悟于一炉，以人性观察虫性，将昆虫世界化作供人类获取知识、趣味、美感和思想的美文。

法国罗斯丹评价法布尔：这个大学者像哲学家一般地去思考，像艺术家一般地去观察，像诗人一般地去感受和表达。

从周作人、鲁迅最初介绍并呼唤有人来翻译编撰《昆虫记》至今，已有约百年。现在《昆虫记》已出现诸多版本，鲁迅先生若地下有知，也会感到欣慰。幸运的你们，不仅需要从朴素真诚的文字里享受"生命的真实细节的美"，还需要体会

---

① 王泉根编：《周作人与儿童文学》，杭州：浙江少年儿童出版社，1985年版，第157页。

法布尔的精神。

法布尔在书中全面地记录了自己观察和设计实验的各个步骤，包括其间经历的波折和出现的失误。《昆虫记》真实、完整地还原了各种昆虫觅食、劳动、交配、产卵和争斗的全过程，展现了它们细小而多彩的生活世界，揭示出现象背后的本能和规律。

《昆虫记》是一部优美的文学著作，法布尔将理性介绍与感性表达巧妙地结合在一起。他从多个角度对昆虫及其生活环境进行描写，从不使用晦涩生僻的科学术语，而是以亲切自然的散文语言来描绘观察到的科学事实。他用生动的民间用语为昆虫命名，调动自己所有的感官，给人身临其境之感。另外，他广泛使用比喻、拟人等修辞手法，将自己的联想和感受融入其中，幽默诙谐，好像在与友人对话。法布尔还时常从他的昆虫世界中生发出对自然和人生的认识与感悟，抒情真挚动人。全书巧妙地应用了多种表达方式和修辞手法，在真实客观之余，向我们展示了科学研究的温情。

《昆虫记》交织着法布尔的回忆和生活片段，将其连缀起来，又好似一部别样的自传。他用花盆、瓦片等各类材料在家中搭建“昆虫小镇”；在“荒石园”及其附近探访“昆虫部落”，动员周围的孩童为自己收集一切和昆虫相关的东西，不断找寻“新居民”来扩充小镇规模；和家人一同观察和探索昆虫的行为和习性。书中没有对贫穷的不满，没有对得失的计较，没有对挫折的抱怨，字里行间流露出生活的愉悦、研究的趣味和思想的深邃。《昆虫记》不仅是杰出的科学著作和文学著作，更是法布尔心灵的透镜，我们从中可以感受到他质朴而伟大的人格，体会到他对自然的热爱、对科学的执着和对生命的尊重。

阅读本书，我们不仅能够收获丰富的科学知识，还能学习科学家提出问题的方式，独立思考，做出假设，并运用相应的研究方法来验证猜想，解决问题。

（二）法布尔的研究方法

另外，我亲爱的昆虫朋友们，如果因为我对你们的描述没能让人生厌，因而说服不了那帮嗓门儿很大的人的话，那我就会挺身而出，郑重地告诉他们说：“你们是把昆虫开膛破肚，而我是在它们活蹦乱跳的情况下进行研究；你们把昆虫变成一堆既可怖又可怜的东西，而我则使得人们喜欢它们；你们在酷刑室和碎尸场里工作，而我是在蔚蓝的天空下，在鸣蝉的歌声中观察；你们用试剂测试蜂

房和原生质，而我却研究本能的最高表现；你们探究死亡，而我却探究生命。”①（第5页）

这段话鲜明地表现出法布尔研究昆虫采用的是传统博物学的方式。法布尔说：“在对某个事物说‘是’以前，我要观察、触摸，而且不是一次，是两三次，甚至没完没了，直到没有任何怀疑为止。”②这句话表明了法布尔在用实证的科学方法来研究昆虫。科学精神、科学理念、科学思维、科学方法，这些离我们似乎有些遥远，也似乎有些难以理解，但对于我们科学素养的提高却是大有益处的。

请同学们阅读《昆虫记》的《蝉出地洞》《绿蝈蝈》《田野地头的蟋蟀》《南美潘帕斯草原的食粪虫》这四篇文章，概括总结法布尔的研究方法。

阅读《蝉出地洞》，我们先来看法布尔是如何探究到蝉幼虫液体来源和作用的。

法布尔常常会提出问题，再去解决问题。他提出三个问题：“从哪儿蓄水，又如何蓄水？”“这种液汁泉是偶然遇上的呢，还是幼虫特意寻找的？”“如果没有根须那个大水桶，而幼虫体内的蓄水池又干涸了，那会怎么样呢？”

提出问题后，他寻找答案的路径有：第一，观察法。“极其小心地整个儿地挖开了几个地洞”，在地洞里都发现了树根。第二，逻辑推理。“虽然没法直接观察到，而且也不可能跑到地洞里去观察，但是逻辑推理和种种情况都证实了这一结论。”第三，实验法。“下面这个实验会告诉我们的。”他分别对从地下爬出来的幼虫和刚开始准备蜕变的幼虫进行同样的实验，从而发现只有尿袋鼓鼓的幼虫才能够爬出通道。

同学们可以继续阅读《绿蝈蝈》，探究法布尔是如何一步步发现绿蝈蝈的食性的。我们发现，法布尔通过实验发现了绿蝈蝈的食性。法布尔先喂绿蝈蝈莴苣叶，发现莴苣叶不太受欢迎。之后在自然中看到了绿蝈蝈捕食蝉，像这样偶然发生的微小事件，别人可能会视而不见，可是在洞察秋毫的法布尔看来，却是消散迷雾、揭示真相的关键。经过实验的检验，法布尔成功地发现绿蝈蝈喜欢蝉。此外，他还专门投喂香甜的水果，发现绿蝈蝈“全都很爱吃”。又尝试投喂细毛鳃角金龟、松树鳃角金龟，也成功了。实验表明：蝈蝈是嗜食昆虫者，喜欢肉食，但只吃自己捕获的猎物，也会吃水果和草。由此得出结论：绿蝈蝈是杂食性昆虫。

从《田野地头的蟋蟀》，我们概括总结法布尔观察的经验：第一是耐心。法布

---

① “二、众生理中含情”部分中《昆虫记》引文，引自[法]亨利·法布尔著，陈筱卿译：《昆虫记》，北京：人民教育出版社，2017年版。

② 邹峭华：《我们需要“法布尔精神”——〈昆虫记〉感言》，《鲁迅研究月刊》，2001年第5期，第66页。

尔认为耐心不是天赋，而是观察者的优秀品质。“我用放大镜勉为其难地尽量数清土里的卵”，几百个卵，需要怎样的耐心才能一一数完。第二，要持之以恒。文中多次提到“我持之以恒的观察有了初步满意的结果是在6月的第一个星期”，可见持之以恒非常重要。第三是谨慎。“为了保险起见，我又继续观察了两天。”可见法布尔的谨慎为观察做了最好的保障。

法布尔在《荒石园》中这样写道：“因无人问津，我便可以在那里不受过往行人的打扰，一心一意地对沙泥蜂和石泥蜂等进行艰难的探索。这种探索难度极大，只有通过实验才能完成。我无须在那里耗费时间，伤心劳神地跑来跑去，东寻西觅，无须慌急慌忙地赶来赶去，我只是安排好自己的周密计划，细心地设置下陷阱圈套，然后，每天不断地观察记录所获得的效果。是的，‘钟情宝地’，那就是我的夙愿，我的梦想，那就是我一直苦苦追求但总难以实现的一个梦想。”这体现出法布尔的研究方法是实验、观察、记录。

勒格罗《法布尔传》这样记载：“在他周围，能够提供养料的土壤确实非常贫瘠……对于所有那些偶然间引起他注意的支离破碎的信息，法布尔的热情也丝毫不减。”[①]可见，法布尔研究地域比较狭窄，研究条件也比较简陋。

结合《南美潘帕斯草原的食粪虫》进行比较，提取共同点，进行概括，可以得出这样的结论：法布尔的研究方法主要是实验、观察、记录。法布尔的研究条件比较简陋，研究的地域主要在自己家(荒石园)和附近。“踏遍”，说明无论在什么地方，只要能够在生活的天地里找到可供钻研的课题，都是弥足珍贵的。正如他自己所说：“思想上的收获并非一定要长途跋涉。”

法布尔通过自己的反复实验来证明，努力给予人们合乎自然规律的解释。他善于将各种昆虫的相关知识联系起来，综合地阐明现象背后的科学道理，逻辑缜密，说明准确。遇到自己不能确定的问题时，他会说：“这一点倒是有可能的”“怎么达到这一目的的？我仍搞不清楚”。进行科学研究，第一步往往需要细致的观察、严谨的记录，掌握一定的科学事实。第二步是结合已有的认识和已知的科学知识原理，进行合乎逻辑的推断，形成科学假设。第三步，将自己的科学假设在实验或实践中加以验证。这样才能够达到科学的认识。

(三)法布尔的科学精神

阅读科普作品，不仅仅是让我们开阔眼界，了解科学知识，更为重要的是，要体会作者的科学精神。《蝉出地洞》中的“我觉得隐约地看到问题的答案了”“我

---

① [法]乔治-维克托·勒格罗著，杨金平、马雪琨、乔雪梅、邢克超译：《法布尔传》，北京：商务印书馆，2016年版，第79页。

怀疑”“果不其然”“我倾向于后一种答案”这些语句，都可以让我们直接和法布尔进行对话，看到法布尔的研究是基于观察，基于对昆虫的热爱。

请同学们阅读《豌豆象》和《朗格多克蝎的家庭》，探究法布尔对待科学研究的态度。

《豌豆象》写道：“从方方面面去观察昆虫本能的无穷无尽、变化多端的表现，对于观察者来说是对昆虫世界的观察的最大乐趣，因为没有任何东西比这更能展现生命中的种种事物那奇妙的配合一致了。我知道，这么去了解昆虫学，并非人人都赞赏的；人们对一心扑在昆虫的一举一动上的这个天真汉是嗤之以鼻的。对于急功近利的功利主义者来说，一小把没被豌豆象糟蹋的豌豆远胜于一大堆没有直接利益的观察报告。”

从《豌豆象》我们可以发现法布尔对待科学研究既严谨又认真，而且充满了热爱和兴趣。他一丝不苟地观察、研究、记录昆虫的习性，不急功近利。

《朗格多克蝎的家庭》中写道：“在解决生活中的问题时求助于科学书籍收获是不大的；这时候，应孜孜不倦地对事实进行探讨，这比藏书丰富的书橱有用得多。在许多情况下，无知反倒更好，脑子可以自由思考，无先入为主之见，不致陷入书本所提供的绝境。”

从《朗格多克蝎的家庭》的片段可以发现，法布尔不太认同盲目从书本中获得知识，他认为，实践观察和实验比书本更重要。

我们应该学习法布尔严谨认真、追求实验真理的态度，同时热爱生活，不焦虑浮躁，不粗浅短视，做到以长远的目光进行科学研究工作。“正是通过这种或立即可以付诸实践的或不能立即付诸实践的观念的积累，人类才会而且继续会变得越来越好，今天比从前好，将来比现在好”，法布尔的研究成果的积累，也在促进着人类文明的发展。

勒格罗《敬畏生命》里写道：“隧蜂的生活史是法布尔在欧兰就开始研究编写的，将近30年之后才在隆里尼完成；而圣甲虫的故事更是花费了他足足40个年头，这是因为一次只能看到某个局部，不容易了解事实的全部，若单凭一片树叶就企图猜出森林的模样，那恐怕只是幻想。科学容不得一点马虎和虚伪的东西，只有反复观察，反复推敲，抓住事实依据，才能大功告成；只有付出艰辛的劳动，才能有大的收获。要想不劳而获，那是永远得不到真理的。”①

王富仁《由法布尔的〈昆虫记〉引发的一些思考（下）》一文中写道：“他出生在一个贫穷的农民家庭里，他的童年是与花草虫鸟一同度过的。不是任何实利主义

① ［法］勒格罗著，太阳工作室译：《敬畏生命》，北京：作家出版社，1999年版，第156页。

的目的驱使他去观察研究这些昆虫的，也不是公式、定理给了他这种研究的可能，而是他对自然世界的好奇心，是他对昆虫的浓厚的兴趣。他要通过自己的眼睛观察，要用自己的头脑思考，要在自己的观察和思考的基础上明白一个究竟。实际上，这也是所有自然科学家所进行的科学研究活动的本质之所在。”①

法布尔《昆虫记》的文风优美并不仅在于语句的雕琢，更在于作者的人品。所谓“风格即人”其实应当说“风格即人格”。我们不仅能读出《昆虫记》对生命的敬畏，还能读出法布尔精神。贫穷和世人对他的偏见困扰了法布尔的一生，他本能够利用自己的化学和数学天赋过上更好的生活，然而不论在怎样的环境下，法布尔依然初衷不改，执着而艰难地探索“昆虫的本能”这一问题。法布尔的观察方法、文字中都渗透着他这个人的精神和品质。他认定只有坚持不懈的尝试，才能够彻底揭示生命的普遍规律。

由此我们可以得出这样的结论，法布尔精神是：对主流思潮的冷静思索和怀疑，对人类理性及知识结构不屈不挠的探索和补缺，对生命的敬畏和关爱；求真，即追求真理，探求真相。

科普作品带给我们的不一定只是知识，它是一种训练、一个看世界的角度和一种怀疑思辨的态度。通过阅读科普作品，我们可以有意识地培养科学分析的习惯。在法布尔眼中，昆虫学不是一个专业或是一种职业，对昆虫的研究是他对自然的一个承诺。他毕生都在观察，用系统的方法去思考；他不断地通过实验与观测去构建知识、了解自我、解释昆虫世界。

(四)《昆虫记》的魅力：情与理的融合

《昆虫记》能够长盛不衰，具有独特的魅力，“科学与诗的融合”是重要原因。

第一，观察和研究的视角与众不同。法布尔从来不用居高临下的目光审视昆虫，也没有为了追求绝对的“客观”而像局外人一样刻板冷峻。相反，他总是以“我”的角色直接进入昆虫世界，用充满感情的目光凝视着昆虫们，默默对它们说话，像是观众、家长或长官。拟人句和法布尔的内心独白在书中不胜枚举：春日的夜晚，他沉醉在意大利蟋蟀的音乐会中；看着圣甲虫推着粪球爬上陡坡时，他忍不住提醒“该当心点儿了，傻蛋儿”；在蚂蚁猎食蟋蟀的幼虫时，他义愤填膺地将其称为“强徒”“恶虫”。昆虫的习性在法布尔的眼中充满了人情味。当然，我们在欣赏感动之余，还要记得保持必要的冷静，以便清晰地区分自然现象和法布尔个人的情感态度。

---

① 王富仁：《由法布尔的〈昆虫记〉引发的一些思考(下)》，《鲁迅研究月刊》，2002年第4期，第50页。

第二，研究内容和研究方法新颖独特。当时的科学研究注重解剖和描述昆虫的体貌特征，再对其进行专业分类。法布尔对这种静态的研究感到不满，他采用田野观察和实验的方法，揭开生命的奥秘。他耐心记录下还是幼虫的蝉一点点从地下的深处钻出地洞，再从旧壳中蜕变，迎来新生的过程；朗格多克蝎追求“心上人”，组建家庭的经历；食粪虫妈妈为尚未孵化的子女制作葫芦形粪球的工序。他反复改变实验室的气味，努力找出吸引小阔条纹蝶前来“朝圣”的原因。不过，我们也应正确看待解剖和专业分类对昆虫研究的价值。法布尔执着于自己的观察，不愿参考他人的研究成果，认为书本知识是围绕在真相周围的迷雾，对此，我们应该结合自己的学习经验和生活实际进行反思，客观地认识评价。

第三，语言浅易质朴，生活气息浓厚。在法布尔笔下，科学不再是一副高不可攀的面孔。他不故作深奥，也不炫耀文采，常用日常生活中人们再熟悉不过的事物来打比方，使观察到的科学事实生动形象、通俗易懂。这类比喻在书中随处可见，如绿蝈蝈喜食饱含糖浆的蝉腹，就像英国人喜欢浇上果酱的牛排；松树鳃角金龟发出的声音，与用湿手指或橡皮擦在玻璃上划过的响声相似；雌性西班牙蜣螂则被比作女面包师，它们塑成的形态各异的粪球则像火鸡蛋、洋葱头、荷兰奶酪、乡村面包和烤饼。法布尔的文字让我们看到，即使没有华丽的辞藻，简单自然也是一种美。反观我们自己的写作，关注文辞和技巧无可非议，但更为重要的是要准确把握描写对象的特征，再选用合适的词句和修辞。

第四，感悟真切深沉，不断向自然和人生深处漫溯。法布尔既带着人的情感观察昆虫，又从这些微小的生命身上获得启迪。许多人只是狭隘地将橡栗看作喂养牲畜的饲料，埋怨象态橡栗象糟蹋了太多果实。可是在法布尔看来，蛀坏的橡栗中藏着鸟儿的饭后甜食，能让它们肉肥歌美。世界上万物无论强大与弱小，都有自己的作用，每个生命都弥足珍贵。他在清贫的生活中自得其乐，愉快安适地倾听百灵鸟和蟋蟀在百里香和薰衣草丛中歌唱，感受最为纯真质朴的生命更迭。《昆虫记》既是法布尔与昆虫的对话，也是法布尔同自然和心灵的对话。

读思旅伴

板块任务：同学们，接下来我们要开始共读《海底两万里》。与科普作品《昆虫记》不同，《海底两万里》是一部科幻小说，它用幻想的形式，表现人类在物质、精神文化生活和科学技术等方面的远景。肇始于科学、升华于想象的惊奇，是科幻小说艺术魅力的核心。《海底两万里》是一部以海洋为背景的科学幻想小说，整个故事都发生在海洋之中，叙述了法国博物学家阿罗纳克斯教授乘坐内莫艇长的"鹦鹉螺"号，在海洋深处旅行的故事。在这一板块，请同学们迁移前面从自然中探索人文情怀的方法，特别关注科学想象中的人性光芒，管窥科幻小说的核心精神。

《海底两万里》：科学想象的人性反思

《海底两万里》是凡尔纳最优秀的作品，也是他的代表作之一。该书继承和发展了爱伦·坡的科学冒险小说的传统，把当时已知的和揣测的生物、机械、气象、动力、地理、考古等知识，同传统的海上乌托邦探险文学叙事形式结合起来，取得了独特的艺术效果。

(一)《海底两万里》的前世今生

《海底两万里》出版于 1870 年，是"海洋三部曲"之一(另外两部是《格兰特船长的儿女》《神秘岛》)，标志着凡尔纳登上其科幻小说创作的巅峰。

儒勒·凡尔纳(1828—1905)，法国小说家，现代科学幻想小说的奠基人。他诞生在法国海港城市南特的一个律师家庭，儿童时代就喜欢幻想与冒险。后来，凡尔纳听从父训，到巴黎攻读法律，却在巴黎爱上了文学和戏剧，巧遇文豪大仲马，两人结下深厚的友谊。毕业后，凡尔纳投入诗歌和戏剧创作中。

凡尔纳经常去图书馆研究地理、数学、物理等，去化工厂参观，去拜访科学家，参观博览会和展览会，热衷于了解各项科学技术新发现。凡尔纳喜爱旅行，他曾利用三只游艇进行过数次海上巡航。在海上旅行的所有经历都为他以后的小说创作提供了丰富的素材。假如没有凡尔纳对海洋的热爱，我们也很难想象他能写出那些精彩绝伦的作品。

他的外甥莫里斯曾说："我的舅舅心中只有三种爱好，自由、音乐和海洋。"凡尔纳把这三种喜好赋予了《海底两万里》中的主人公内莫艇长。凡尔纳借内莫艇长之口表达了他对大海和自由的向往："是的，我很爱大海！大海就是一切！"①凡尔纳还借内莫艇长表达了他对音乐的热爱，小说中内莫艇长常常在夜深人静的时候，在一片昏暗的寂静中弹奏管风琴。内莫艇长与凡尔纳形成一种复杂的映射关系。

20 世纪初，在"西学东渐"的影响下，凡尔纳的科幻小说从西方经日本传到中国。1900 年，薛绍徽和陈寿彭最先将凡尔纳的科幻小说《八十日环游记》译成

---

① [法]儒勒·凡尔纳著，赵克非译：《海底两万里》，北京：人民文学出版社，2004 年版。

中文。鲁迅翻译凡尔纳的作品《月界旅行》时曾评价凡尔纳："学术既覃，理想复富。默揣世界将来之进步，独抒奇想，托之说部。经以科学，纬以人情。离合悲欢，谈故涉险，均综错其中。间杂讥弹，亦复谭言微中。"①

凡尔纳所处的时代，欧洲的科学技术蓬勃发展，创新不断，涌现出一批工业革命的先驱者，如斯蒂芬逊，以及后来的莱特兄弟。汽车、火车及飞机等科学技术成果应运而生。巴斯德、达尔文等的科学论著相继发表。他的小说中呈现出那个时代的科技发展趋势，试图描绘当时社会和未来世界的科学远景。

凡尔纳还亲身经历了法国的二月革命、六月起义，目睹了法兰西第二共和国临时政府执政转为法兰西第二帝国建立。在一系列的战争和政治动荡中，凡尔纳对底层劳动人民饱含同情，对战争持反对态度。他同情希腊、匈牙利、爱尔兰等国的民族主义革命运动，在自己的作品中呼吁废除奴隶制，是一个人道主义者。但他同时又是以扩张殖民地为目标的巴黎地理协会会员，是一个对法国侵略非洲不抱怀疑态度的国家主义者，而波兰人民反对沙皇独裁统治的起义遭到残酷镇压是凡尔纳创作《海底两万里》的一个导火索。

(二)《海底两万里》的人物形象

整部小说出场人物寥寥无几。孔塞伊的经典台词是"悉听尊便，先生"，热衷的事情是分类。内德·兰德身手敏捷、孔武有力，热衷于美食、和孔塞伊斗嘴与逃跑。他们性格比较简单，且始终如一，特点鲜明。潜艇里的大副，一直只有一句让人听不懂的台词，其他船员和侍者要么"面无表情"，要么"一言不发"。与之相对，内莫艇长的人物形象则更为丰富。

1. 从环境看人物

图书室、客厅和艇长的房间是人物活动的主要场所，也是内莫艇长活动的背景环境。

"鹦鹉螺"号的图书室藏书丰富，有科学、伦理和文学书籍，更多的是科学著作，但是没有政治和经济学著作。内莫艇长认为书是他和陆地唯一的联系，是他能够得到清净和安宁的地方。通过图书室的藏书，我们可以看出内莫艇长热衷科学和文学，憎恶政治和经济学。在这里我们还发现了阿罗纳克斯教授的著作，这是内莫艇长对他与众不同的原因。

客厅像一个博物馆，里面有著名大师的油画、雕像等艺术品，内莫艇长把这些作为陆地留给他的纪念品。还有很多天然稀世珍品，主要是内莫艇长自己搜集

① 鲁迅：《鲁迅全集(第十卷)》，北京：人民文学出版社，2005年版，第163页。

的来自海洋的宝贝，例如贝壳、珍珠和一些海洋生物，体现出内莫艇长极高的艺术修养和审美品位。

他的卧室却非常朴素，像一个修士居住的地方，只有一个小铁床、一张办公桌、几件洗漱用品，没有任何讲究舒适的东西。墙上挂的画作是“把一生都献给了人类伟大理想的历史伟人的肖像”。

客厅和他的房间有着强烈的反差，这种反差使我们可以看到内莫艇长兴趣广泛、学识渊博，对科学知识十分精通，但并不注重个人的生活享受，极为自律。

内莫艇长喜欢读书，从古至今文学大家的书籍他都收藏；他喜欢欣赏书画，博物馆中优秀的书画作品琳琅满目；他喜欢音乐，音乐大师的乐谱随处可见；他喜欢收集奇珍异宝，船上的稀有贝壳数不胜数。

他说自己对人类有着强烈的憎恨，但内心深处他对人类尤其是穷苦人民依旧怀有深深的爱。他一直在用自己的财宝支持着大陆上的正义战争，帮助大陆上的穷苦人民。由此可见，他并没有完全与大陆隔离，现实的压迫使他不得不走上这条路，他心中复仇的火焰从未熄灭，对于人类的关怀与善良正义的品质也从未被复仇之心吞噬，反而因为复仇变得深沉而浓烈。

2. 通过反复出现的细节描写看人物

内莫艇长一共有三次流泪。

第一次：“艇长把手攥成拳头，掉了几滴眼泪，我还以为他生来就不会流泪呢。……艇长突然用颤抖的手把脸捂住，想止住呜咽声，但终于没有止住。”

第二次：“内莫艇长浑身是血，一动不动地站在舷灯旁边，望着吞噬了他一个伙伴的海水，大滴的泪珠从他眼里涌出。”

第三次：“在房间尽里面的壁板上，在他所崇敬的那些英雄的照片下面，我看到另一张照片，上面是个依然年轻的女人和两个孩子。内莫艇长看了他们一会儿，向他们伸出双臂，双膝跪倒，泣不成声。”

三次流泪，两次因为伙伴的去世，一次是在复仇后面对家人的照片。可以看出他身上有着对自己同伴深沉的爱，也有着火山般强烈的仇恨。他身负国破家亡的血海深仇，这种仇恨经常以不恰当的方式表现出来，使他对敌人的残忍冷血常常令人不寒而栗。同时，我们又会同情这位悲剧人物，他的一生都在复仇中度过，失去了普通人该有的生活。

书中有多处细节描写内莫对海洋的热爱。我们可以把内莫艇长对大海的评论摘录出来，进行分析。例如：

是的，我爱大海！大海就是一切！……大海广阔无垠，人在这里不会孤独，因为他感受得到周围涌动着生命。大海只是一种超自然而又神奇的生命载体，它只是运动，是爱，像你们的一位诗人说的，是无垠的生命。……海上极度太平。海洋不属于暴君。……留在海上！人只有在这里才是独立的！在这里，我不承认有什么主人！在这里，我是自由的！

对我来说，海洋也是生天……如果可能，就建立一些自由的城市，独立的城邦！不过，谁知道会不会有个什么暴君……

我们可以看到他对海洋的热爱，本质上是对自由的热爱。

书中还有一些细节描写表现了他对音乐的热爱，也能看出他对艺术和美的一种追求。

有时，我能听到他在那架管风琴奏出哀怨的曲调。他弹琴时感情充沛，不过只在夜里弹，只在“鹦鹉螺”号沉睡在荒凉的大洋时，他才在一片昏暗的寂静之中弹奏。

（三）《海底两万里》里的科学想象

《海底两万里》是一部以海洋为背景的科学幻想小说，整个故事以海洋为背景。科幻小说是随着现代科技蓬勃发展而产生的一种文学样式。它用幻想的形式，表现人类在物质、精神文化生活和科学技术等方面的远景。基于科学的虚构，超越现实，是科幻作品的主要特点。衡量科幻小说的价值，必须撇开“科幻内容是否严格符合科学推理”这一要求，转而以文学的标准评价其价值大小。

除了对“鹦鹉螺”号的神奇想象，在作者笔下，大海不只是蓝色的，海水也不一定是冷的，还是绚丽多姿、沸腾的。桑多林岛附近水域，“犹如滚开的水在锅炉里沸腾”“水完全是白色的”；日本黑水，“水是热的，颜色湛蓝，和太平洋的海水截然不同”；帝汶岛西南方向，“一层被磷光照亮的海水里，磷光在昏暗的海水里变得耀眼”；孟加拉湾附近，“海水好像变成了奶”；大西洋中，“这是一块真正的草原”……这让我们对海洋世界的美妙，对世界的丰富和神奇，有更加深刻的认识。

科幻小说若没有一个巧妙的结构来设置悬念和波折，读者很容易失去兴味。凡尔纳成功地把曲折生动的情节和惊人的想象巧妙地结合在一起。他非常善于设置悬念，《海底两万里》的情节曲折紧张、扑朔迷离，在漫长的旅行中，时而将读者推进险象环生的险恶环境，时而又将读者带入充满诗情画意的美妙境界。

《海底两万里》中“鹦鹉螺”号经历了很多危险，也一次又一次地逃脱危险。挪威迈尔海峡遭遇旋涡，南极圈被冰原和冰隧道困住，巴哈马群岛附近遭遇章鱼袭击，托雷斯海峡的暗礁……浩瀚的大海中有无穷无尽的危机，每一次的危机，都让我们领略人与自然、人与环境的抗争精神，看到人在自然面前的渺小，还有人性的光辉。

凡尔纳以他渊博的知识，融入瑰丽的想象，对南极圈冰原、地球最深处、黑水等景色进行了细致的描述。壮观的海洋动植物、迷人的水中奇景，把我们带入了一个神奇的海底世界。如书中借孔塞伊之口赞美南极圈冰隧道之景："我们这些连大自然的美景都看够了的人，对可怜的大陆和那些出自人类之手的小景致会怎么想呢？不行了，有人住的世界已经配不上我们了！"他灵活地层层递进，"一波未平又生一波"，但全书前后照应，结构十分严谨。

科幻小说呈现的是对未来科学的预测和推断，幻想了未来科技发展的一种可能性，那些非凡的想象常常激励人们在科学领域里不停地探索。有些科学幻想在多年以后变成了现实，比如具有先进功能的潜艇的出现、北极飞行的实现、无线电的发明等。这些都曾受惠于凡尔纳的科幻小说。美国潜水艇设计师西蒙·莱克说："儒勒·凡尔纳是我一生事业的总指导。"动力学家齐奥尔科夫斯基认为凡尔纳"启发了我的思想，使我按一定方向去幻想"。

凡尔纳小说的伟大之处在于，他所创造的奇妙的科技世界，打破传统单一、刻板的思维模式，促使大脑思维活跃，促进人们去猜测、探索客观世界，激发逻辑思维的发展和升华。

幻想并非虚妄，而是与科学紧密相连。它们预先潜入时间深处，勾勒出未来的画面展示给众人，让我们憧憬未来。与此同时，也让我们自强自省，开拓属于自己的未来。

敢于憧憬才能成就伟大。

读思飞扬

板块任务： 同学们，《昆虫记》和《海底两万里》虽然一本是科普作品、一本是科幻小说，这两本书中却共同贯穿了科学精神中的人文情怀。请大家思考，这两部作品的共同点是什么？理与情的关系是怎样的？拥有怎样的独特价值？又带给我们什么样的生命启示呢？

情理之力

——《昆虫记》与《海底两万里》中的人文情怀

(一)探究方法建议

1. 圈画并批注《昆虫记》与《海底两万里》中有关人文情怀的内容。

2. 分析比较《昆虫记》与《海底两万里》人文情怀的异同，探究作者的人文情怀。

3. 通过探究人文情怀和科学精神，分析“法布尔精神”和“凡尔纳精神”。

(二)探究过程

1.《昆虫记》中的人文情怀

法布尔的《昆虫记》不仅真实记录昆虫的生活，而且昆虫的本能、习性、劳动、婚恋、繁衍和死亡渗透人文情怀，以虫性反观社会人生，充满了对生命的关爱，对自然万物的赞美，对人类的思考。

在法布尔看来，观察生命本身，其价值远远高于科学实验，寻求生命的意义也大过任何科学结论。我们可以感受到他对生命的由衷敬畏，他在用一颗单纯的心善待昆虫们每一个短暂而辉煌的生命过程。《昆虫记》不仅很早就流露出生态思维的意识，而且在美学趣味上，也有许多让人感到温暖、有所感悟之处。

法布尔在《荒石园》中写道：“你们用试剂测试蜂房和原生质，而我却研究本能的最高表现；你们探究死亡，而我却探究生命。”这是对《灰蝗虫》中“希望有一天以人工的方法能获得那种可加以组织的材料，亦即行话所说的‘原生质’。如果我有这种能力，我会急于满足这位雄心勃勃的人的”这句话很好的注解。

法布尔仔细描绘了灰蝗虫蜕皮的过程，非常细致地聚焦于灰蝗虫翅膀的蜕变和美丽，不吝笔墨地表达了赞美之情。“生命是决不会从这种化学垃圾中迸发出来的。”这句话颇具哲学色彩。法布尔认为，遵从自然法则，这是生命的大美。这种美丽，是昆虫本身生理结构形成的条件，是它们本能与直觉的表现。法布尔对灰蝗虫生命历程细致入微的描写，寄托着对生命的赞颂，阐明了尊重生命、热爱自然的道理。

法布尔《灰蝗虫》一文中这样写道：“它在自己行程的迷宫中按照先于它存在那儿的并且已制定好的施工说明书行动。这种对形状进行协调的原型，这个事先存在的调节物，你的注射器里有吗？没有。所以说你就把你的产品扔掉了吧。生命是决不会从这种化学垃圾中迸发出来的。”从生物学角度来说，生命是由核酸和蛋白质等物质组成的分子体系，它具有不断繁殖后代以及对外界产生反应的能力。法布尔所指出的“生命”，某种意义上指的是大自然运行的规律。

《昆虫记》是法布尔在自身兴趣和好奇心的驱动下所写的，是作者不断进行观察和实验的成果，让我们能够更加全面地认识昆虫和昆虫世界及其与人类之间的关系。阅读《昆虫记》的时候，可以尝试用自己的方式重组《昆虫记》；可以用思维导图的形式，以不同主题整理归纳《昆虫记》的内容；可以给昆虫按照不同标准重新分类……这样可以让我们记忆更深刻和清晰，知识也更具体化和逻辑化，书本上的知识才会变成自己的知识。

阅读的最后一站，应该是遇见自己，看到自己和所读书籍的联系。

有人说，科学首先教给我们的，是我们的无知，然后再是训练我们如何面对无知，一点点地拨开迷雾。阅读《昆虫记》，我们对昆虫从无知到初步了解。更重要的是，我们跟随法布尔，明白了如何去探究昆虫世界的奥秘，我们需要学习法布尔的科学研究方法和视野，学习法布尔的科学精神。

我们阅读的大多是《昆虫记》的节选读本，其他章节还有许多作者的思考与感悟，可以帮助我们更深入地走进他的精神世界。

他在《荒石园》中说：“诚然，我是在为学者们而写，但是，我也是在，而且尤其是在为青年人而写，我真切地希望他们能热爱这门被你们弄得让人恶心的博物史专业。这就是我为什么在竭力地坚持真实第一，一丝不苟，绝不采用你们的那种科学性的文字的缘故。你们的那种科学性的文字，说实在的，好像是从休伦人所使用的土语中借来的。”透过《昆虫记》，我们不仅看到了一个全新的昆虫世界，更看到法布尔对未来研究的一种希冀。他希望所有研究昆虫的专家、哲学家们可以保持这种热忱的态度和求真的精神。

法布尔通过观察身边的昆虫，发现了很多昆虫的奥秘。可见科学离我们并不遥远，科学就在我们身边。

法布尔经常在自然环境中对昆虫进行观察与实验。一方面，他把自己视作昆虫，在冷酷无情的自然环境中坚韧不拔地为个体和族群的生存而斗争；另一方面，他也在为自身的学术研究而奋斗。

2.《海底两万里》中的人文情怀

除了对于人类的关怀，凡尔纳笔下的动物世界也体现了他的人文情怀。文学作品中的动物形象，是被作者塑造出来为文章主旨服务的，体现着作者的思想感情。凡尔纳作品中的动物形象都是直接客观的描写，没有加以艺术处理，符合科学事实。他在自己的故事里尽情地抒写着自己的科学幻想，同时借助动物，通过动物与人的对照，来表达自己对人生和社会的态度。

我们先看凡尔纳是如何描写动物的。凡尔纳的描写生动而真实。例如，在海底森林狩猎时，阿罗纳克斯教授等人遇到了一只漂亮的水獭。作者详细地描述了水獭的模样：“这种圆头、短耳、圆眼、长着猫一样白胡子、蹼足带趾、尾巴上的毛非常浓密的哺乳动物，很有趣，我非常喜欢。”

为了符合阿罗纳克斯教授博物学家的特殊身份，作者常常对海洋中的生物进行详细的说明，例如：上腮是否完整，是否可以活动，鱼鳃的形状是什么样子，都是区分硬骨鱼的标志。这种说明体现了小说的科学性，让小说立足于现实，更具有可信度。

除此之外，小说多次借动物来体现作者的环保观念。在北冰洋区域，小说中写道：“从前这里生活着一群一群的海豹，但英国和美国的捕鲸手嗜杀成性，把成年海豹和怀孕的母海豹捕杀殆尽，使这个昔日生机勃勃的地方，变得死气沉沉。”在南极区域，小说写道：“海象因此而受到无节制的捕杀，濒临灭绝，每年被捕杀的海象有四千多头；而且，渔民捕杀海象的时候不加任何区别，怀了胎的母海象和小海象也不能幸免。”

凡尔纳笔下的动物世界，符合大自然弱肉强食的规律，动物们有它们各自的习性，或温顺可爱，或凶猛残暴。在《海底两万里》中，凡尔纳为我们描绘了一个精彩纷呈的海洋世界：大海是独立而伟大的，海洋里的动物们也都是自由的，它们和勇敢的主人公一样，徜徉在自然世界中。

但是小说也体现了另外一种对照关系：海洋动物被捕杀，制成餐桌上的美味，成为潜水艇航行的动力；为了制造墨水，章鱼也被杀死。在这些描写中，动物和人类是不平等的，人类为了征服自然，对动物进行残忍的杀害。18 世纪，欧洲一些国家为了获取廉价的劳动力，发展工业，侵占了许多国家的土地，实行残暴的殖民统治。那些殖民地的原住民，生活十分悲惨。

凶恶的动物与贪婪的人类也形成对照。凡尔纳在小说中描写了凶恶动物的可怕，人与这些动物斗智斗勇；他也描写了贪婪者的丑陋面目，揭露了他们拜金、虚荣、自私的丑恶嘴脸。

凡尔纳知识广博，以科学的态度对动物进行详细介绍，他笔下的动物与真实的动物别无二致，特征和习性完全相同。正是因为作者客观地描写动物形象，所以他的作品透露着科学性和人文情怀，于是，本来天马行空的冒险故事，变成了可触可感的科幻旅途。动物描写为凡尔纳的故事提供了令人信服的证据，这些活泼可爱的动物也装饰着凡尔纳的科幻世界，让其更加美好有趣。

除了描写动物外，小说中也出现了诸多政治、历史事件。

《希腊群岛》这一章里提到“那几百万法郎就这样送到该送的地方。那是大陆上的什么地方呢？跟内莫艇长联系的是个什么样的人呢?”，阿罗纳克斯教授认为“这是个找不到答案的问题”。各种情节暗示，这些钱是给了反对土耳其暴政的起义军。理由如下：第一，船航行到了希腊群岛，向坎迪岛方向前进；第二，书中借阿罗纳克斯教授的口吻提到了坎迪岛上爆发了反对土耳其暴政的起义；第三，潜艇旁出现的潜水员是坎迪岛的著名潜水员；第四，前文中内莫艇长救采珠人的时候说过，自己永远支持被压迫的人民；第五，阿罗纳克斯教授说内莫艇长一副心事重重的样子，还“一反常态，下令打开客厅里两个舷窗的防护板，从一个窗子走到另一个窗子，仔细察看着海水”，说明此次行动早有计划，不是偶然行为。

《北纬 47 度 24 分、西经 17 度 28 分》的命名，是因为这个地方是法国的“复仇者”号沉没的地方。“复仇者”号本来叫“马赛人”号，在和英国舰队的战斗过程中，官兵宁死也不投降，高喊着“共和国万岁”后沉入海底。内莫艇长为了悼念“复仇者”号，花了几天时间寻找这个地点，心中充满一种连时间也无法磨灭的深仇大恨。

在《大屠杀》这一章中，内莫艇长呐喊：“我就是法律，我就是正义！我是个受压迫的人，而眼前是个压迫者！我所喜欢、热爱和尊敬的一切，祖国、父母和妻儿，都是眼睁睁地被他毁灭的！我所仇恨的东西就在眼前。”而阿罗纳克斯教授认为“我们不能判断这种报复行为是否公正”。这也留给我们一个思考：内莫艇长并不是一个真正的审判者，在面对如此多生命的时候，任由自己仇恨的火焰燃烧，使得如此多的无辜的人丧失了生命，这样的做法和他所憎恶的“迫害者”没有什么区别。他没有任何权利对人类进行这样的惩罚。

《内莫艇长的最后一句话》这一章，内莫艇长的最后一句话是：“万能的上帝啊！够了！够了!”内莫艇长虽然说自己是正义的，做的是对的，但是内心依然充满了矛盾和痛苦。就像后来在《神秘岛》中，内莫艇长病重时问神秘岛的落难者：“我是主持正义和公道的，不管到哪里我都惩恶扬善，做我能做的和该做的。而凡是正义，是不需要宽恕的!”“你们怎么看我，先生们?”“我到底是对是错?”这足以说明，他一直心存纠结，这样的报复并不能让他真正得到解脱。这一系列的情节设计体现着作者凡尔纳的人文情怀。

意大利学者卡尔维诺认为，在青少年时代，“每一次阅读跟每一次经验一样，都会产生独特的滋味和意义”。① 这本小说的意义也在于此。

---

① [意]伊塔洛·卡尔维诺著，黄灿然、李桂蜜译：《为什么读经典》，南京：译林出版社，2015 年版，第 2 页。

读思墨涌

板块任务： 同学们，阅读完《昆虫记》和《海底两万里》两本书，请从“科学精神”或“人文情怀”两个角度，选取你印象最为深刻的内容进行探究。

学生作品展示

关于《昆虫记》的诗

其一

姚雨佳

对生命的最后时刻的到来
深感不安和痛苦的
只有人类，
昆虫就像懵懂的孩子，
享受着现在的安逸，
对未来的痛苦和灾难
一无所知。

除了人之外，
任何生物都不能了解死亡，
只有我们才会知道
生命是怎么结束的。

其二

耿博涵

天气多热！上帝有眼，真是蝉的美好时光！
你的歌声在广阔的大地上传扬，分外动听。
听得那人民肃敬，听得那植物精神，听得那神仙飘然。
如果这是你，你定会为你的歌声自豪！
你从不炫耀，你从不骄傲。
默默地在树林间低唱。
好似大自然的音乐家，在为这美好风光谱写歌谣。

你，默默地……

默默地……

为这美好风光——谱写歌谣。

爱国者内莫艇长

崔　萌

《海底两万里》中的内莫艇长是小说里一个居主要地位的人物。他是“鹦鹉螺”号潜艇的艇长，也是一名科学家。在小说中，内莫艇长是一个具有神秘色彩的人物。他的身世直到结尾也不为人知(“内莫”这个词在拉丁语里就是子虚乌有的意思)，只能凭着文中的只言片语来推测，他应该是一名流亡者。而这个推测也在凡尔纳的另一部作品《神秘岛》中被证实——他是一名印度王子。不过我想这个设定只不过是为了满足读者的好奇心和神秘感而已，并非是作者想真正表达的。要想知道作者真正想要表达什么，还是要回到《海底两万里》这本书里来。

在本书的结尾，内莫驾驶“鹦鹉螺”号撞沉了一艘没有悬挂国旗的铁甲船。在作者给他的编辑的信中，我们可以看到，作者本来想把内莫设定为波兰人，而不是印度人[《凡尔纳传》的摘录：人物设定问题的探讨(选自第二部第二十二章)]。他在信中说道：“亲爱的赫泽尔，您在继续读这封信的时候，可千万别忘了，挑衅是来自那艘国籍不明的战舰的。它千方百计地要摧毁诺第留斯号(即‘鹦鹉螺’号)，它属于内莫所憎恨的那个国家，内莫要替他死难的亲人和朋友报仇!”如果确定内莫是个波兰人的话，那这艘船的国家也就可以确定了。在那个时期，能让一个波兰人做出如此过激反应的国家只剩沙皇俄国了。

1831年波兰反对沙皇尼古拉一世的起义失败之后，许多波兰人移居法国。1863年，波兰又发生一次反对俄国独裁统治的起义，但这次起义受到残酷镇压。这一系列事件激起了作者的不满，故在结尾处设置了一个撞船情节。

赫泽尔(他的作品的编辑)肯定并赞同他的观点，并且跟他一样，认为沙皇的统治与镇压惨绝人寰。但由于他具有参与公共事务的切身体会，估计到法国政府可能会遇到麻烦，因而不得不谨慎对待俄国。使法国的外交活动变得复杂，这显然是不合适的。假若内莫是个波兰人，这部作品就具有某种挑衅的性质，政府或许不允许出版。因此，他希望凡尔纳把内莫写成一个反对农奴制和搜捕黑奴贩子的人。凡尔纳当然也明白这其中的关节，所以不得不故意隐藏内莫的真实身份，而且还在另外一篇著作《神秘岛》中说内莫是印度人。一定程度上，内莫船长的神秘也是为了避免作者政治上的麻烦。

那么内莫到底是一个怎样的人呢？从凡尔纳和赫泽尔的通信中我们可以看出，他应该是作者所创作出来的一个反抗民族压迫的典型人物，同时，他还有很深的无政府主义思想。他曾呐喊过，在海中他完全是自由的。这是他的肺腑之言，也可以看出他的无政府主义思想。不过他并没采取布朗基“既无上帝，亦无主子”的态度，而是认为必须完成上帝赋予他的某项使命，他只是上帝的工具。上帝制造的种种恐怖事件又常常折磨着他，因此他喊道：“全能的上帝，够了！够了！”他认为只需服从他自己，也就是说，服从他的所有道德准则，甚至偏见。综上所述，他也并非是真正的无政府主义者，说他是新极权主义者我倒是觉得甚是适合。就和当时所有的船长一样，他也对自己的船员保有绝对的权威，他的船上照样存在着阶级的划分，而非是无政府主义者所保证的绝对自由与绝对平等。

总的来说，内莫船长这个人物是一个爱国者，也是一个复仇者，是一个永恒的人物，因为他在一定程度上代表了全体人类。他的冒险活动正是人类为寻求重要的带普遍性问题的答案而进行的冒险，而决非一个人为寻求解决微不足道的个人的问题而进行的冒险。

人与社会篇
——生命的抉择

一、风雨铸造强师

1936年是中国国内局势大转变的关键性的一年，中国工农红军胜利完成了二万五千里长征，实现了中国革命的战略转移。埃德加·斯诺带着当时无法理解的关于革命与战争的无数问题，冒着生命危险，冲破了国民党以及资本主义世界对中国革命严密的新闻封锁，进入陕甘宁边区，成为第一个进入红区采访的西方新闻记者。斯诺搜集了关于长征的第一手资料，对革命领袖、红军将领和普通红军战士进行了广泛的采访。最后写成驰名世界的杰作《西行漫记》(又名《红星照耀中国》)。

斯诺通过这本书第一次让世人知晓，在当时残酷的革命斗争环境中，红军将士所经历的艰难困苦、所付出的流血牺牲、所进行的艰苦卓绝的斗争。斯诺在西北红区四个月的经历和对中国人民的热爱，使他用后半生几乎全部精力，对中国问题作持续探索和报道。他勇敢无畏，追求真理，客观公正，关心中国人。今天我们应怀着崇敬的心情阅读埃德加·斯诺所著的《红星照耀中国》。

读思讲堂

板块任务：同学们，红军战士那么英勇，是什么使他们坚持战斗？革命的基础是什么？是什么样的希望，什么样的目标，什么样的理想，使红军成为钢铁般的强师呢？他们历经磨难，克服封锁、缺盐、饥饿、疾病、瘟疫，(中央红军)穿过十二个省份(按《红星照耀中国》)，冲破国民党军队的重重阻击，终于胜利到达西北新根据地。让我们一起探寻红军战士二万五千里长征取得胜利的原因。

《红星照耀中国》[①]：红军战士的长征突围

徐徐拉开红军二万五千里长征的宏伟画卷，你能切身感受到长征不是一个人

① 本部分中《红星照耀中国》引文，引自[美]埃德加·斯诺著，董乐山译：《红星照耀中国》，北京：人民文学出版社，2016年版。

的单独行动，而是千千万万的红军战士步伐一致地向着同一个目标奋勇前行，这是一组红军群像。细读文本，能找到他们共同的特点和精神，会为以上问题找到答案，能明白他们用行动诠释了什么样的生命意义和价值。

（一）个体生命的升华——信仰凝聚强师

在本书“后记”中我们注意到，毛泽东同志戴的红星八角帽，是斯诺临时从头上摘下来的，他自己那顶已经褪了色。关于司令员彭德怀，书中这样写道：“他同部下一样，只有两套制服，他们都不佩军衔领章。他有一件个人衣服，孩子气地感到很得意，那是在长征途中击下敌机后用缴获的降落伞做的背心。老战士林祖涵，放弃在国民党时的高官厚禄，到革命根据地领五块钱一个月的生活补助。”书中写道：“他身上穿着一套褪色的制服，红星帽的帽檐软垂……一只镜架已经断了，是用一根绳子系在耳朵上的。”还有“红小鬼”年少勇敢，但从衣着上来看，大多数只有灰色，并且严重不合身，书中写道：“他们有红领章，戴着大一号甚至大两号的帽子，帽檐软垂，但上面缀着红星。”为什么没有一个人抱怨军帽和军服简朴、褪色、陈旧？因为他们知道，只要头上的红星还在闪耀，自己就是最帅的红军战士，艰苦朴素的背后就是长征精神与信仰。

纵观整本书，我们发现无论是吃不上饭的放牛娃，还是胸怀报国志的知识分子；无论是年近花甲的老同志，还是柔弱刚强的女战士，都被凝聚到了这支红色队伍里，都被这种精神所感召、所激励。每一个人不再是“我”，而是“我们”。他们称自己为红军，为了人民的利益，为了拯救中国，拯救中国人民，推翻一切反动派，打倒一切帝国主义而战斗，把自己放在关心集体命运的伟大运动的事业中去。

为民族解放而艰苦奋斗和牺牲奉献的崇高信仰把无数个体凝聚在一起，组成一支有着鲜活生命力的强大的红军队伍，这支队伍有着雄浑磅礴的气势、泰然自若的风骨、沉着稳健的坚韧、战胜一切的自信和勇于牺牲的勇气。作者在《红星照耀中国》中记载：

华南苏区的六年，注定是要成为长征这部英雄史诗的前奏曲的。这六年的历史动人心魄，但是只有零星的记载。我在这里即使要概括地介绍一下也是很难做到的。毛泽东简单地谈到了苏区的有机发展和红军的诞生过程。他谈到了共产党怎样从几百个衣衫褴褛、食不果腹的年轻然而坚决的革命者建立起一支有好几万工农所组成的军队，最后到一九三〇年时已经成了政权的争夺者，其威胁严重到使南京不得不对他们进行第一次大规模的进攻。（第 271 页）

(二)群体生命的淬炼——苦难考验强师

1. 绝境中重生：红军主力安全撤出江西

1933 年，蒋介石对中央革命根据地发动了规模空前的第五次“围剿”，实际参加赣闽苏区的战争和对付鄂豫皖苏区红军的人数有 40 万——约 360 个团。红军在这里能够动员一共 18 万正规军，包括所有后备师，还有大约 20 万游击队和赤卫队，但是全部火力却只有不到 10 万支步枪，没有大炮，手榴弹、炮弹等弹药来源极其有限。蒋介石运用新的战略包围红军，红军死伤超过 6 万人，平民牺牲数量惊人，仅江西苏区被杀死或饿死的人就有 100 万。书中记录了具体情况：

第五次围剿于一九三三年十月开始。一九三四年一月，在苏维埃首都瑞金召开了第二次中华全国苏维埃代表大会，总结革命的成就。我在会上作了长篇报告，大会选举了中央苏维埃政府——就是现在的这批人员。不久以后，我们就准备长征了。长征开始于一九三四年十月，在蒋介石发动他的最后一次围剿刚好一年以后，这一年作战和斗争几乎不断，双方的损失都很大。(第 175 页)

据周恩来说，红军本身在这次围困中死伤超过六万人，平民的牺牲是惊人的。整块整块的地方被清除了人口，所采取办法有时是强迫集体迁移，有时更加干脆地集体处决。国民党自己估计，在收复江西苏区的过程中，杀死或饿死的人有一百万。(第 182 页)

红军主力为摆脱国民党军队的包围追击，被迫实行战略性转移，退出中央根据地，从 1934 年 10 月 16 日开始长征，游击队和农民赤卫队留守抵抗打后卫战。红军主力能够安全撤出江西，农民赤卫队和游击队对国民党军队的阻截功不可没。他们不怕牺牲，自愿留下来，许多人的英勇事迹至今仍被人们传颂。

2. 重生中争锋：举国大迁移

面对如此来势汹汹的敌人，红军战士自强不息、不屈不挠、勇往直前、敢于争胜。二万五千里长征曲折回转，有些是极难通行的小道，还要跨过高山和大河。长征前期因大批辎重行动不便、路线明晰、易被预判等原因，红军兵力损失惨重。行至贵州，改变策略，分散游击，迂回前进，声东击西，击溃贵州王家烈，占领遵义。王树增的《长征》中记载，遵义会议后，红军摆脱党内严重的“左”倾教条主义的束缚，突然有了“灵气”。毛泽东打破常规，实行高度机动、灵活的作战方针，有时走老路，有时走新路，有时走大路，有时走小路，有时向东，有时向西，避实击虚，牢牢掌握战争的主动权。其绝妙之笔是“四渡赤水”，巧渡金沙江，将国民党几十万追兵远远甩在身后，取得了战略转移的决定性胜利。蒋介石希望借助长江这一天险之地，将红军彻底消灭掉。如书中所言：

蒋介石在川贵边境迅速集中兵力，封锁了去长江的捷径短道。他现在把歼灭红军的主要希望寄托于防止红军渡江上面，妄图把红军进一步驱向西南，或者驱进西藏的不毛之地。他电告麾下将领和地方军阀：“在长江南岸堵截红军乃党国命运所系。”(第 186 页)

1935 年 5 月，红军佯攻云南府，同时声东击西一天一夜急行 85 英里(约 136.8 千米)，乔装成敌军，在黄昏时分奇袭皎平渡，渡过丽江，进入四川，使蒋介石的图谋最终以失败而告终。这次史诗般的长征，洋溢着红军战士热情、充满希望的革命乐观主义精神，展现了红军不惧牺牲、无比忠诚的大无畏精神。

3. 争锋中无畏：强渡大渡河

作者在《大渡河英雄》开篇，从历史、地理和人文的角度介绍了这次红军渡河的背景和难度：

强渡大渡河是长征中关系最重大的一个事件。如果当初红军渡河失败，就很可能遭到歼灭了。这种命运，历史上是有先例的。在遥远的大渡河两岸，三国的英豪和后来的许多战士都曾遭到失败，也就是在这个峡谷之中，太平天国的残部，翼王石达开领导的十万大军，在十九世纪遭到名将曾国藩统领的清朝军队的包围，全军覆没。蒋介石总司令现在向他在四川的盟友地方军阀刘湘和刘文辉，向进行追击的政府军将领发出电报，要他们重演一次太平天国的历史。红军在这里必然覆灭无疑。(第 189 页)

飞夺泸定桥，是中国工农红军长征中的一场重要战役，发生于 1935 年 5 月 29 日。中央红军部队在四川省安顺场强渡大渡河成功，沿大渡河北上。红四团官兵在天下大雨的情况下，在崎岖陡峭的山路上跑步前进，一昼夜奔袭竟达 240 里，终于在 5 月 29 日凌晨 6 时许按时到达泸定桥西岸。22 名突击队员沿着枪林弹雨和火墙密布的铁索踩着铁链夺下桥头，并与东岸部队合围占领了泸定桥。

红军机枪向敌军碉堡开火，子弹都飞迸在桥头堡上。敌军也以机枪回报，狙击手向着在河流上空摇晃地向他们慢慢爬行前进的红军射击。第一个战士中了弹，掉到了下面的急流中，接着又有第二个、第三个。……终于有一个红军战士爬上了桥板，拉开一个手榴弹，向敌人碉堡投去，一掷中的。(第 194 页)

四川军队大概从来没有见过这样的战士——这些人当兵不只是为了有个饭碗，这些青年为了胜利而甘于送命。他们是人，是疯子，还是神？迷信的四川军队这样嘀咕。他们自己的斗志受到了影响；也许他们故意开乱枪不想打死他们；

也许有些人暗中祈祷对方冒险成功!(第 195 页)

“必须在敌人援军到达之前把桥占领”，当时红军夺取泸定桥紧迫且必要。“红军战士一个个站出来愿意冒生命危险”，“这些青年为了胜利而甘于送命”，红军战士对革命事业有着无限热情与奉献精神；红军战士在敌人的枪林弹雨中爬过铁索桥，“冒着舔人的火焰冲过了余下的桥板”，红军战士是如此英勇卓越。

敌军嘀咕，他们是人，是疯子，还是神？我想说，红军是人，是平常人，有平常人的喜怒哀乐，也有平常人的爱好。有的红军战士喜欢打乒乓球，有的喜欢唱歌，有的特别爱马。他们面对困难坚定不移，把个人生死置之度外。在“飞夺泸定桥”一役中，泸定桥上面一半木板已被撬走，下面是湍急的河流，对面是敌军的机枪阵地，没人会想到红军竟然在这样凶险的情形下过桥。红军还是“神”，红军创造了人类历史上的奇迹。他们翻越数座雪山，渡过几十条河流，穿过遍布沼泽的草地，徒步二万五千里，最终突破敌人的重重包围，用无限忠于人民革命事业的大无畏精神创造了奇迹!

红军渡过大渡河打破了蒋介石妄图把红军变成第二个石达开的反革命迷梦，是红军长征中具有战略意义的重大胜利之一。一条小船、13 根铁索，改变了中国的历史。有人说：“红军在此夺取的不仅仅是 13 根铁索，而是整整一个时代。”

4. 无畏中不息：险过大草地

红军又是如何克服困难，战胜雪山、草地，最终到达陕北根据地的？

过雪山的行程：一万六千尺高的大雪山—炮铜岗—邛崃山脉—梦笔山—打鼓山。雪山空气稀薄，气温极低，红军战士衣服又极为单薄，导致死伤无数。1935 年 7 月，红军来到富足的毛尔盖地区，会师红四方面军和松潘苏区，作休整改编。几个军团九个月前开始长征时大约有九万武装，除路途上留下阻击敌人的一小部分红军外，此时红军仅剩四万五千人。

王树增《长征》中记载，过草地时，红军吃野菜、吃草根、吃皮带、吃马鞍、吃皮鼓，吃遍草原上能吃的一切。有时在大草地一连走了十天还不见人烟，而沼泽地带经常大雨连绵，许多红军因在一望无际的水草中失足陷入沼泽而牺牲。

一位老红军在 70 年后谈及此事，仍悲痛至极：“草地上一具具烈士遗体，成了明显的路标。”雪皑皑，野茫茫，一具具冻僵的红军遗体都卧向前方。这就是钢铁的红军，即使只剩下一个人，也始终相信：只要跟党走，革命一定能胜利。

红军一路长征，一路打土豪帮穷人，走到哪里，便没收哪里土豪的财产，保护穷人，分给穷人物资。他们深得百姓信任，许多地区的农民请求红军绕道去解放他们的家乡。

1935年10月，红军在离开江西一年后终于到达陕北，与先锋部队的二十五、二十六、二十七军会师。

5. 共产党人的赞歌：弘扬长征精神

长征途中，几乎平均每天就有1次遭遇战，总共有15个整天用在打大决战上。红军突破10个地方军阀军队的包围。路上一共368天，其中235天用在白天行军上，18天用在夜间行军，平均每日行军71华里(约35.5千米)。红军一共翻越过18座山，其中5座终年冰雪覆盖，渡过24条河流，经过12个省份，占领过62座城市，穿过6个不同的少数民族地区。

他们筋疲力尽，体力已达到无法忍受的程度，终于到达了长城下的陕北。一九三五年十月二十日，即他们离开江西一周年的日子，一方面军先锋部队同早在一九三三年就已在陕西建立了苏维埃政权小小根据地的二十五、二十六、二十七军会师。他们现在只剩下了二万人不到，坐下来以后方始明白他们的成就的意义。(第201页)

长征途中，红军战士面临敌军的围攻、党内矛盾和恶劣的自然条件等困难，最终取得了胜利，这是人类历史上的壮举。红军战士成就了一种精神——长征精神。“伟大长征精神，就是把全国人民和中华民族的根本利益看得高于一切，坚定革命的理想和信念，坚信正义事业必然胜利的精神；就是为了救国救民，不怕任何艰难险阻，不惜付出一切牺牲的精神；就是坚持独立自主、实事求是，一切从实际出发的精神；就是顾全大局、严守纪律、紧密团结的精神；就是紧紧依靠人民群众，同人民群众生死相依、患难与共、艰苦奋斗的精神。”①

这是一次丰富多彩、可歌可泣的远征，……冒险、探索、发现、勇气和胆怯、胜利和狂喜、艰难困苦、英勇牺牲、忠心耿耿，这些千千万万青年人的经久不衰的热情、始终如一的希望、令人惊诧的革命乐观情绪，像一把烈焰，贯穿着这一切，他们不论在人力面前，或者在大自然面前，上帝面前，死亡面前都绝不承认失败——所有这一切以及还有更多的东西，都体现在现代史上无与伦比的一次远征的历史中了。(第150页)

在《红星照耀中国》中，斯诺认为“毛主席及其指挥下的红军之所以能克服重重困难，杀出一条血路胜利到达陕北”，就在于有共产党的正确领导；苏维埃人民及其基本干部的伟大的技巧，英勇、坚决的品质，几乎是超人的忍耐力和革命

① 习近平:《党的伟大精神永远是党和国家的宝贵精神财富》,2021年8月31日,http:///jhsjk.people.cn/article/32213603。

的热忱；革命干部中的人才特别精干、英勇和忠诚。

斯诺对长征这样评价：“红军的西北长征……是一场战略撤退……是历史上最盛大的武装巡回宣传。”红军经过的地区近2亿人，宣传“自由、平等、民主”的思想，许多民众——农民、学徒、奴隶、国民党逃兵、工人、一切赤贫如洗的人们，纷纷加入红军的队伍。这支队伍与其他队伍的不同在于，这支队伍有自己的主张、自己的信念和自己的理想，长征使更多的人认识到这一点。

讲到长征，请问有什么意义呢？我们说，长征是历史纪录上的第一次，长征是宣言书，长征是宣传队，长征是播种机。自从盘古开天地，三皇五帝到于今，历史上曾经有过我们这样的长征么？12个月光阴中间，天上每日几十架飞机侦察轰炸，地下几十万大军围追堵截，路上遇着了说不尽的艰难险阻，我们却开动了每人的两只脚，长驱2万余里，纵横11个省。请问历史上曾有过我们这样的长征么？没有，从来没有的。长征又是宣言书。它向全世界宣告，红军是英雄好汉，帝国主义者和他们的走狗蒋介石等辈则是完全无用的。长征宣告了帝国主义和蒋介石围追堵截的破产。长征又是宣传队。它向11个省内大约两万万人民宣布，只有红军的道路，才是解放他们的道路。不因此一举，那么广大的民众怎会如此迅速地知道世界上还有红军这样一篇大道理呢？长征又是播种机。它散布了许多种子在11个省内，发芽、长叶、开花、结果，将来是会有收获的。总而言之，长征是以我们胜利、敌人失败的结果而告结束。谁使长征胜利的呢？是共产党。没有共产党，这样的长征是不可能设想的。中国共产党，它的领导机关，它的干部，它的党员，是不怕任何艰难困苦的。①

红军战士所有的气魄与豪情在毛泽东同志的《七律·长征》中展现无遗：

红军不怕远征难，万水千山只等闲。
五岭逶迤腾细浪，乌蒙磅礴走泥丸。
金沙水拍云崖暖，大渡桥横铁索寒。
更喜岷山千里雪，三军过后尽开颜。

读思旅伴

板块任务：《平凡的世界》中描写的苦难数不胜数，金俊斌被河水卷走，郝红

① 毛泽东：《长征是宣言书、是宣传队、是播种机》，中国人民解放军历史资料丛书编审委员会：《红军长征回忆史料1》，北京：解放军出版社，1990年版，第1—2页。

梅失去丈夫，李向前失去双腿……生活中难免有突如其来的苦难折磨着人们。尽管造成苦难的原因各有不同，但路遥还是用他沉稳的笔调告诉读者：苦难是生命的常态，苦难是生活的本质，人一生下来就难免遭受苦难。书中的孙氏兄弟经历了怎样的苦难，他们又有怎样的人生追求？让我们一起去探寻吧。

《平凡的世界》①：乡土青年的破茧成蝶

想要更深刻准确地理解一部作品，首先要了解和思考作品产生的时代背景以及作者的创作动机和生命历程。放在大的社会背景下，《红星照耀中国》《平凡的世界》两部作品都是时代的缩影。

作家曹文轩认为，《红星照耀中国》作为西方记者的观察与采访，其魅力来自真实。真实性在作者的表述中具有巨大的冲击力，呈现了革命的本真状态，让我们看到了革命的原点。

《红星照耀中国》是对 20 世纪 30 年代中国红色革命的真实报道，为全世界人民了解中国共产党、了解中国共产党为民族复兴所做的艰苦努力打开了一扇窗。书中对中国工农红军在西北革命根据地的战斗、生活、生产做了大量真实记录。

《平凡的世界》是路遥创作的长篇小说，主要反映 1975—1985 年十年间中国城乡广阔的社会生活，描写了中国农村和中国农民，全景式地展现了农村生活。路遥在《早晨从中午开始》中这样说："这十年是中国社会的大转型时期，其间充满了密集的重大的历史事件；……我的基本想法是，要用历史和艺术的眼光观察在这种社会大背景(或者说条件)下的生存与生活状态。"《平凡的世界》对青年形象的描写而言，其主要方式也是在相互联系中呈现出包括孙氏兄弟在内的城、乡两地各行各业众多青年不同的境遇、成长道路和内心世界。作者力图囊括出生于 20 世纪五六十年代之交，经历了整个 70 年代的贫困，进入 80 年代之后迅速成长起来的青年一代。

(一)破茧成蝶之孙少安——从贫困走向致富的农民企业家

孙少安，是出生于 50 年代的一辈人，是贫农孙玉厚的儿子，在一个吃了上顿没下顿、光景已经快过不下去的家中，孙少安作为家中的长子，6 岁开始干农活，后为了帮父亲承担生计，13 岁就辍学。他生活在苦难中，体会到生活的艰辛，同时也清楚自己家中的情况，为了一家人的生计，为了父母亲能轻松些，为了弟弟妹妹安心上学，他必须要通过自己的拼命劳动改变一家人贫困的面貌。18

① 本部分中《平凡的世界》引文，引自路遥：《平凡的世界》，北京：北京十月文艺出版社，2012 年版。

岁那年他凭借着“精明强悍和可怕的吃苦精神”被推选为生产队长，一跃成为双水村的“能人”。

虽然书读得不多，但是少安却敢想敢干，不守旧而懂创新，尤其是在国家鼓励联产承包后，他第一个提出划分土地，自己种自己的。此外，他还敢贷款买牲口拉活儿、建窑烧砖……一桩桩、一件件敢想敢干的事让少安成了村里第一个富人。

除了敢想敢干、不屈服于命运外，孙少安思想中的“仁”“恕”也是帮助他化茧成蝶、改变命运的原因。他曾经是班里的尖子生，曾经有过远大的理想，但是因为贫困他永远告别了学校。他不情愿，也不舍得，可是看到父亲在他面前痛哭流涕，他理解父亲也不愿意毁掉他的前程。他最终参加了升初中的考试，名列前茅，他只是想证明自己的实力。家里的光景着实“烂包”，但他毫无怨言地帮助父亲支撑这个风雨飘摇的家，从未放弃过。为了让家人吃饱，他自己从来都没有吃饱过，这对一个家庭主要劳动力来说实属不易。开办砖厂之后，面对那些曾在他初次创业失败后“背叛”他的村民，他没有怨恨，有的只是宽恕，还让他们到自己的砖厂上工，带领他们共同致富。

谈到爱情，少安和润叶两小无猜、青梅竹马，从小就在一起。少安担负着照顾润叶的重任，下雨了，会把润叶从学校前的那条小河背过去，他是真心喜欢润叶。可是润叶是村支书田福堂的女儿，家境不错，后来又被推荐上了师范学校，最后成了县城的公办老师。他明白，他和润叶之间横亘着城乡的鸿沟，他是个普通的农民，润叶是城里的正式教师，他觉得从地位上自己配不上润叶，不能让润叶过上幸福的生活，所以想清后他没给自己一点幻想，也没给润叶留下一点希望。少安又是幸运的，在错过润叶之后，遇到了一个有情有义，愿意跟他同甘共苦的女人——秀莲。不得不说，秀莲才是最适合少安的，初恋固然美好，但却不够真实，秀莲的出现给了少安一个温暖的家，这也在另一个层面成全了少安的爱情。

纵观少安的一生，面对现实，他头脑清醒、聪明睿达、敢想敢干、坚忍顽强，又仁爱宽容，最终改变了自己的命运。他在改革开放的政策支持下，不仅自己战胜了贫困，而且还帮助乡邻们就业，主动出资修建校舍，他成就了自己，最终成长为一位典型的农民企业家。

《平凡的世界》第二部第 42 章写道：“什么是人生？人生就是永无休止的奋斗！只有选定了目标并在奋斗中感到自己的努力没有虚度，这样的生活才是充实的，精神也会永远年轻。”从这句话我们可以看出，它真切地赞美了孙少安这类在农村土地上通过艰苦奋斗创造出属于自己的一片天地的农民代表，赞美他们对生活、对自己的理想执着奋斗的精神。从贫困走向致富的农民企业家“孙少安”们所具有的积极的生活姿态和勇于向前、坚强不屈的奋斗精神，以及对美好理想的执着追求诠释了生命的可贵和美好，这是任何时代都需要的激荡人心的伟大力量。生命之花历经风雨灿烂绽放在广袤的黄土高原。

(二)破茧成蝶之孙少平——从平凡走向不凡的精神导师

“对于黄土高原千千万万的农民来说，他们每天面对的却是另一个真正强大的敌人：饥饿……一个人一年的口粮才有几十斤，人们就只能出去讨吃要饭了……”孙少平在县立高中上学的时候，能吃上又黑又硬的黑高粱面馍，再加一点最差的丙菜——清水煮白萝卜，已经很不容易了。可以想象连最基本的温饱问题都解决不了，这对人的身体和心灵会造成多么大的摧残。孙少平看着乙菜盆子里的残汤剩水，“慌得如同偷窃一般，用勺子把盆底上混合着雨水的剩菜汤往自己的碗里舀”。在那些条件优越的城里学生面前，少平的穿着打扮更显得寒酸，他的裤子显然穿了一年又一年，正在发育的身体使得衣服常常人长布缩，裤子吊在腿上；他的袜子早已经没有了后跟，脚上穿一双系着白绳打着补丁的旧黄胶鞋。17 岁的少平觉得人生最痛苦的就是“由于贫困而给自尊心所带来的伤害”，但是他从来不妄自菲薄，他一直鼓励妹妹，说贫困是人生的一大财富，不要鄙视自己的出身。他以清醒的思考，以男子汉的豁达平静地接受着这一切。

而摆脱狭隘的固有意识，追求具有人生价值的精神生活这种想法在他的心中从来没有停止过。书籍是他进步的阶梯。他看的第一本书是《钢铁是怎样炼成的》，并开始沉迷于书籍。《钢铁是怎样炼成的》主要讲述了保尔·柯察金从一个懵懂无知的少年成长为一名忠于革命的布尔什维克战士，再到双目失明却坚强不屈创作小说的作家，成为一名钢铁般战士的故事。在他的身上凝聚着那个时代最美好的精神品质——为理想而献身的精神、钢铁般的意志和顽强奋斗的高贵品质。这本书对孙少平有一定的影响，他有像保尔·柯察金一样的为理想献身的精神和不屈不挠的奋斗精神。孙少平在课堂上偷看《红岩》时，被同学侯玉英告发，但意外的是老师并没有责罚他，反而把书还给了他，这让他对老师感激不已。也因为这件事，他有了继续博览群书的底气，更加丰富了自己的精神世界。

黄土高原是他成长的摇篮，传统的儒家文化提倡积极的人生观，主张“仁者爱人”，“穷则独善其身，达则兼济天下”，倡导积极的入世观，也润物细无声地滋润着他的心田。孙少平身上的善良、坚韧、略带侠气，那种渗入骨髓的对世界的爱，常常感动读者。在书中，孙少平有一位年迈的奶奶，他给奶奶买眼药水和止痛片，到田地里将露珠带回来淋在奶奶的眼睛上。他在家人遇到大事时，为家人排忧解难，让父母放心。为了减轻家人的负担也曾想弃学；为了家庭和睦，担心哥哥和嫂子不愉快，他主动承担赡养父母的责任。妹妹上大学后，为了不让妹妹像自己曾经一样，他为妹妹置办漂亮的衣服和箱子，让妹妹像城里人一样购买日常生活用品。在艰苦的煤矿工作，他不舍得吃穿，把省下来的钱供妹妹上学和带回家为父母建房子，照顾已故师傅的家人和帮助过自己的工友。这所有的一切都源于孙少平内心的善良，在他的身上闪烁着人性的光辉。

当他回乡之后，一个人独处双水村时，他越来越强烈地想要离开这穷苦的山沟，即使他和哥哥合办的砖窑收入很不错。孙少安选择留守家园，为亲人们谋幸福，而孙少平的内心却从未平静过，他是执拗的，他是顽强的，他渴望城市的生活，他渴望新生，于是他决定远走他乡。孙少平在城里所受的一切苦难，都没有击败他。给别人扛砖时，粗糙沉重的砖几乎将他的脊背磨烂，即使在工地当小工，经过一天的劳累，他还依旧挑灯夜读，汲取知识的营养，对生活充满观察与思考，决不让自己沉溺于世俗的欲望。在可能存在危险的煤矿中，他依然忘我地投入工作。种种磨难也锻造出了他坚忍的意志和刻苦的精神，他不但主动承受苦难，而且勇于反抗苦难和战胜苦难。最后凭自己的努力成为矿工组长的少平在晓霞因救人意外去世后经历了巨大的打击，惠英贴心的关怀让他在自己的感觉和外界的看法上左右为难，此时的少平因为矿难而毁容，在养伤期间他进一步成熟。他拒绝脱离矿工生活，拒绝了留在县城的机会，毅然回到了大牙湾煤矿，回到惠英身边，用责任相守，实现了自我灵魂的超越，完成了平凡向伟大的蜕变。

孙氏兄弟身上既体现着中华民族劳动人民的优秀品质——善良、淳朴、敦厚，又有着现代知识分子的理想、信念。作家所塑造的“孙少安”是当时的一类典型，是为了家庭牺牲自我的留守青年，虽经受苦难，但并没有放弃自己，对人生有追求，他凭着自己的倔强和勤劳向我们证明了一位在贫困面前的强者。他不服命运，而是以非凡的勇气向命运抗争，最终战胜了贫困。这种顽强拼搏的精神也是作者一直想展现的，平凡的世界里有不平凡的人生。而从少平的蜕变中我们也能感受到，苦难也是一种财富，苦难也是一种价值，它能激励挣扎在苦难中的灵魂向更高的境界前进。

读思飞扬

板块任务：习近平总书记说，“一代人有一代人的长征，一代人有一代人的担当”。我们也有属于自己的长征路要走。阅读了《红星照耀中国》《平凡的世界》等作品之后，你获得了什么启示？结合学习生活实际，又该怎样走好属于自己的“长征路”呢？我们开设的班级读书会深受同学们喜爱，这一期以“怎样走好长征路”为主题展开探究，并汇报探究成果。

自强之魂

——《红星照耀中国》《平凡的世界》中的“长征路”

(一)探究方法建议

1. 边批注《红星照耀中国》，边画红军长征路线图，理解“长征路”的内涵。

2. 梳理关于少安、少平的故事情节，挖掘人物精神价值，对比阐释主人公的“长征路”。

3. 结合自己的学习生活实际，阐释自己的“长征路”。

4. 结合中国过去、当下和未来的情况，阐释中华民族复兴的“长征路”。

(二)探究思考要素

1.“走好长征路”的重要性、策略性；

2. 怎样才能“走好长征路”？

3. 个体、群体、国家的“长征路”。

(三)探究过程

“长征路”是什么路？在沟壑纵横、激流咆哮的漫漫征途中，它是红军用双脚踩出的一条路，用枪炮打出的一条路，用鲜血和身躯铺出的一条路。红军万里长征所具有的勇气、士气、血气、朝气、锐气、志气、骨气、底气、人气和敢为人先的英雄气，是我们国家青春永驻、战无不胜的强大精神动力，指引我们每一个人走好自己的人生路。

(四)学生汇报

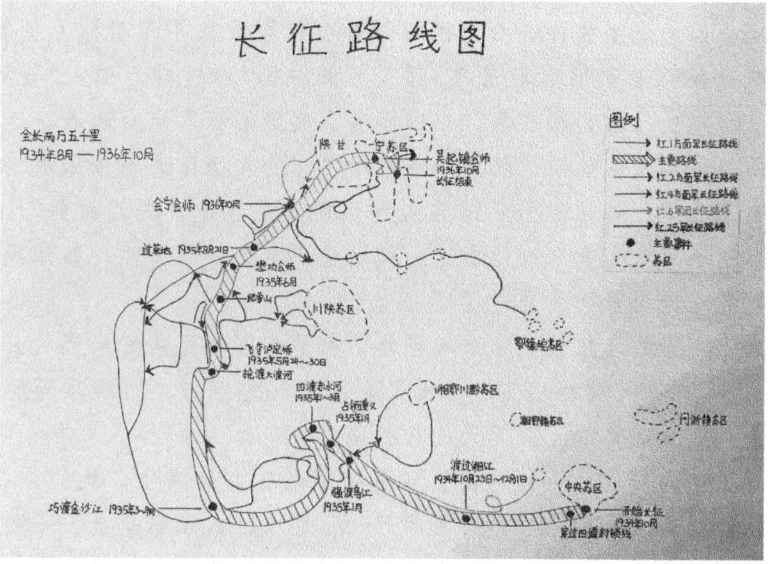

红军战士的长征路

孙裕彤

“红军不怕远征难，万水千山只等闲。”八十多年前，红军战士们越过一道道河流山川，走出了中国人的长征路，开启了历史的新篇章。

红军战士们从江西出发，历时两年完成了这条伟大辉煌的长征路。

他们与大自然搏斗。过草地时，无处不在的淤泥沼泽使战士们走投无路，有时只能跳跃前进，又因为食物短缺，战士们只能啃树皮、煮皮带，付出了生命的代价；爬雪山时，气温骤降，寒冷的风如刀割一般吹到身上，战士们风餐露宿，许多人在冰雪中长眠。

长征中的困难不只是这18座巍峨耸立的大山、24条川流不息的长河，还有数百次大大小小的战役。飞夺泸定桥时，战士们不畏敌人的枪林弹雨，依然在水流湍急的大渡河上接二连三地铺木板过河，义无反顾地向前冲去，最终成功渡河；四渡赤水时，敌我双方力量悬殊，情况危急之下，毛泽东等领导人依然沉着冷静，凭借着高超的战术带领部队取得胜利。

终于在1936年10月，这场震撼世界的远征在甘肃会宁画上了圆满的句号，成为中国历史上一座宏伟壮观的里程碑。

除此之外，红军的长征路也给百姓带来了希望。红军为了人民而战斗，为农民的利益着想，一路上宣传中国共产党的精神，播撒精神食粮，传播思想文化，无时无刻不盼望着有一天能让人民过上幸福的生活。

红军战士们坚忍不拔、一心为民，向着理想勇敢奋斗的精神力量震撼了我，令我感动与敬佩。美国记者斯诺在《红星照耀中国》中这样写道："冒险、探索、发现、勇气和胆怯、胜利和狂喜、艰难困苦、英勇牺牲、忠心耿耿，这些千千万万青年人的经久不衰的热情、始终如一的希望、令人惊诧的革命乐观情绪，像一把烈焰，贯穿着这一切，他们不论在人力面前，或者在大自然面前，上帝面前，死亡面前都绝不承认失败——所有这一切以及还有更多的东西，都体现在现代史上无与伦比的一次远征的历史中了。"

红军战士走出的不仅仅是一条长征路，更是中国人民美好生活的开始。习爷爷说："一代人有一代人的长征，一代人有一代人的担当。"回顾昨天的长征路是为了走好今天的长征路，开辟明天的长征路。

作为青少年的我们，历史的重担即将要落到我们的肩上，我们应奋发图强、只争朝夕、不负韶华，学习红军战士的那种不屈不挠、无私奉献、不畏艰险的精神。预先规划好自己的长征路，长大后建设好中华民族的长征路，为向世界展示出一个现代化强国而努力！

时间的齿轮不会停止转动，我们的长征还在继续！

孙少平与孙少安的"长征路"

蓝雅祺

"西风烈，长空雁叫霜晨月。霜晨月，马蹄声碎，喇叭声咽。雄关漫道真如铁，而今迈步从头越。从头越，苍山如海，残阳如血。"毛泽东曾在《忆秦娥·娄山关》中这样描写长征路。一次次的失败、一次次的重振、一次次的后退、一次次的勇猛，长征之路正如一个人成功的过程，在无数次成与败之间徘徊，最终获得成功，也历练了自己。每个人都有自己的"长征路"，它是我们通往理想的窗，是奋斗，也是人生的意义所在。在路遥的笔下，孙少平与孙少安就是两个鲜明的例子，虽路不同，却皆实现了美好。路漫漫其修远兮，或许，为了见到初升的红日，必将历经整夜的黑暗。

孙少安的"长征路"恰如一片海湾，不动时海面静谧，无人在意，可当海浪澎湃时便是万丈骇浪。"以平凡开场，以胜利收尾"可以概括他的"长征路"。少安家最初并不富裕，可以算得上是很贫穷。作为大哥，他必须放弃学业，照顾一家人，这是他从出生起就背负的重担和使命。为了家人，这是他"长征路"上的第一次挫折与放弃，家庭环境决定了他做任何事都是和一家人捆绑在一起的。他如果不做些什么的话，就只能困在这里一辈子。但他是个有理想和抱负又对家人负责的人，这就注定了他会拼尽全力干一番事业，注定了他会背水一战，注定了他必须谨慎小心，也注定了他带领全村人一起致富的结局。他的“长征路”主要是为了致富，有四个阶段性的成功，分别是：当选生产队队长、盖砖窑、盖砖厂和修小学。当然，这中间也曾失败过，盖砖窑时，因为一个技术不好的师傅导致砖窑倒闭，少安欠下巨额债务，萎靡了一段时间，这是他“长征路”上最萎靡的一段经历。他在妻子秀莲的鼓励下背水一战，重盖砖厂，最终成功，并让生活困难的村民来当员工，带领全村人一起致富。致富后他并没有忘记故土和初心，为双水村重修了小学。孙少安的“长征路”之所以取得成功主要体现在他带领全村人脱贫、吃水不忘挖井人、敢于挑战、不畏艰难、人性化等方面，这也和他勤劳善良、吃苦耐劳、诚实憨厚的性格，从小的经历，父母的教育，以及“共同富裕，积极团结”的目标有关。为了这条路的成功，他也失去了很多，印证了“平凡的世界中，人生有起有落”。

孙少平和哥哥孙少安的“长征路”截然不同。他的“长征路”可以概括为“为自己闯出一番天地”。他曾从事过三种职业：乡村教师、小工和煤矿工人，他的“长征路”也围绕着这三个职业展开。天生的一股韧劲儿使他敢于跳出自己原本的舒适圈，从文弱书生蜕变为工人，虽改变了职业，但本分善良的一颗心和文明勇敢的一股力却未曾改变。他的“长征路”从乡村教师开始，有几次挫折，分别是：初中班解散，不能继续当教师；从工地辞职；王师傅因矿难意外死亡；恋人田晓霞因救人溺亡；自己因救工友毁容。相较于大哥肩头上家人的重担，少平没有那么多负担和牵挂，这也使得他能放心挑战拼搏。高中毕业后，他成了一名乡村教师，教初中班，初中班被解散后他决心自己到黄土高原去拼搏一番，为自己闯下一片天地。他凭借着一身力气，从小工做起，每天扛石头，虽然赚的不多，但也总算是安定下来了。在看到一个小女孩被包工头霸凌时他勇敢地站出来帮助了小女孩，然后义愤填膺地辞职了。一个偶然的机会，他成了煤矿工人，有了稳定工作的同时和田晓霞开始了恋爱，这段时间是他最幸福的日子。之后，王师傅为救师兄去世，他便帮忙照顾王师傅的家人，还被提升为组长。当得知恋人田晓霞牺牲后他十分悲痛，在一次事故中为救一名工友毁了容，此后他拒绝了妹妹朋友金秀的示爱，继续回到煤矿照顾惠英嫂和明明。孙少平的“长征路”比哥哥的更加坎坷。有人说：孙少平的“长征路”看起来没有少安的宏伟壮阔，结局也并不好。我却不这样认为。事实上，他在这一次次磨炼中不断成长，突破自己，结局也是他选择的自己希望看到的样子。每个人对“幸福”的定义有所不同，或许起起落落才是“平凡的世界”，敢于做出这样的决定也可以算得上是平凡中的伟大。他的“长征路”围绕着“朴实的心、独立与自尊、不怕困难”的精神展开，这和他善良、热情、执着、努力、顽强和勇于拼搏、不畏艰险的精神品质有关。或许不是每条长征路都是那么引人注目，但角落的玫瑰也是玫瑰，从不比其他花差。

人生正是“长征路”，会面临一次次失败与成功、成长与磨炼。或许这条路并不平坦，但与其站在原地，不如去看看沿途美丽的风景，这不正是人生的价值吗？如果每个人都站在原地，那这个世界也不会有那么多波澜起伏。孙少平和孙少安的“长征路”只是众多道路中的两条，但我们可以创造出更多的路，用创造填满世界。每个人的“长征路”都不尽相同，不必拘泥，请尽情绽放，最美丽地盛开。长征路漫漫，不必停留，向前奔跑吧！

读思墨涌

板块任务：“韧性”是指物体产生变形而不易折断的性质。红军长征历经风雨，最终突围；农村青年历经风雨，破茧成蝶。他们都拥有“韧”的精神。不管个人、集体，还是中华民族，都需要这种生命的韧性。请以“生命的韧性”为题抒发自己的感怀，形式多样，文体不限。

学生作品展示

生命的韧性

袁宇宸

漫步华夏大地，无垠，辽阔；见证沧海桑田，亘古，永恒。

当你站在栖身之城的大街小巷，你可曾发现生命留下的韧性？

在土地革命战争时期，二万五千里长征也许是对“韧性”最好的诠释。一步一步走，一个脚印一个脚印地踏，让世界为之震撼的长征就在红军脚下走出。而其中有“柔韧”之深厚情谊，有舍己为人之奉献精神；也有“刚韧”之热血，和为祖国牺牲之豪情。

正是这刚柔并济之“韧”，谱写出长征的壮丽篇章。

或许，泸定桥上残缺的木板、草地中金色的鱼钩，就是生命留下的韧性。

回首陕北的高原，又像一座满载风霜的城。这座城的墙流着泪，诉说着几行千里母担忧的愁苦；这座城的土望着天，梦想有一天奔赴远方。改革开放之初，有多少青年怀着“韧劲”踏上绿皮火车，想去外面的世界闯一闯。笨拙的绿皮火车跑着，叠交着无数人的梦想。这一代人的长征，也许就是一辆接着一辆奔向远方的绿皮火车。

大概，行李箱中母亲新缝的棉衣、铁盒子中塞满的书信，就是生命留下的韧性。

时代不断发展，使命赓续传承。长征的接力棒已递到我们手中，我们新一代青年人要在实现民族复兴的赛道上奋勇争先，跑出风采。

有人常说：“要敢于有梦，勇于追梦，勤于圆梦。”圆梦就是“长征路”的目标与方向。

一个有价值的梦想，应该思考怎样回馈祖国和人民。祖国培育青年，青年回报社会，这是社会发展的根本，也是强国梦实现的关键，更是走好新时代“长征路”必不可少的因素。

苏轼有云：“古之立大事者，不惟有超世之才，亦必有坚忍不拔之志。”若要成才，必有生命之韧。

圆梦路上并不平坦，跌了一跤便哭着不再前进，更谈何回馈社会？“变形而不易折断”是韧的品质，笑面困难、灵活变通、坚守信念便是“韧”教给我们走好新时代“长征路”的方法。

时光如梭，岁月留痕。红色星火点亮新时代“长征路”，路遥遥磨炼韧之“刚”；绿皮火车奠基新时代青年梦，情深深体味韧之“柔”。

青春似火，初心如炬。现在，时代将历史责任赋予新青年，我们生逢其时，重任在肩，拿稳长征的接力棒，在实现民族复兴的赛道上，不负众望，跑出最美姿态，绽放青春，走好我们自己的新一代“长征路”！

生命的韧性

程悦然

如果我是小溪，就流向沙漠，去造就一片生命的绿洲。

——张桂梅

她，是年过花甲的老人；她，是体弱多病的病人；……同样的她，是福利院的院长，是几十名无家可归孩子的“母亲”，是教学工作出色的教师，是创办全国第一所全免费女子高中的校长，是“感动中国2020年度人物”，是2021年“七一勋章”获得者……她内心柔软但性格坚韧，屡受挫折却从不言败，独善其身更兼济天下。她是时代的楷模、民族的骄傲！她，就是张桂梅。

第一次知道张校长的故事还是两年多前，爸爸妈妈在家里讨论她倾尽所有为山区里的女孩儿创办免费女子高中的故事，我被故事吸引，不由自主想通过各种渠道知道有关她的事，结果，了解得越多，越敬佩、越感叹。她在我心中，就是“韧性”的代名词。

“韧性”是执着地追求理想，永不言败。上小学的时候，我曾经跟爸爸妈妈去云南、贵州支教，当时一些很偏远的教学点里小朋友们认真上课的样子至今还深深刻在我的脑海里。有个姐姐告诉我，在她们村里女孩儿小学毕业就要嫁人，因为大家都认为，女孩儿没必要读书。我当时就觉得，改变一个女孩儿的命运容易，但要改变人们传统的观念，让大家都重视女孩儿的受教育问题特别难。张校长靠着如火的信念和执着的精神，一家一家走，日复一日陪伴，自 2011 年至今，已让一千多名女孩儿考入大学、走出大山、改变命运。她咬定青山不放松，用自己生命的坚韧成就理想，而理想的达成是让更多人的生命闪闪发光。

“韧性”是心底无私天地宽的忘我精神。从第一次知道张校长，到现在每次在媒体上看到她的照片，都能感觉到她又瘦了，又虚弱了，衣服总是空荡荡的。媒体报道说，张校长一心扑在女孩子们身上，终日的操劳使她患上肾囊肿、颅骨骨瘤、肺气肿、关节炎、小脑萎缩等 20 多种病，就连为她检查的医生都惊诧不已，但她却微笑着称“生命已值得”，继续送考，几十年如一日地凌晨 5 点起床，深夜 12 点睡觉，去陪伴学生。高负荷的工作压着她瘦弱的身躯，但她永不言退，在她心中，学生永远排在自己前面。“俯首甘为孺子牛”是她的真实写照，她几乎把每一分钱都花在学生身上，自己过着最清贫的日子，但如方志敏所说，“清贫，洁白朴素的生活，正是我们革命者能够战胜许多困难的地方”。

女孩们奔跑着，红色的身影闪动在校园内，未来海阔天空自由飞翔，这应该是张桂梅校长最美好的期盼，也是她用她的韧性逐步变成现实的念想。她是一条小溪，流向沙漠，造就了一片生命的绿洲！一个真正有韧性的人，不仅是自己有能力克服艰难困苦，还能用坚韧和不屈影响更多的人，成为生生不息的力量！张桂梅校长，就是这样有韧性的人，是我要努力学习的榜样。

二、绝境成就英雄

何为“绝境”？斯诺在《红星照耀中国》中是这样描述的：“红军在地球上人口最多的国度的腹地进行着战斗，九年以来一直遭到铜墙铁壁一样严密的新闻封锁而与世隔绝。千千万万敌军所组成的一道活动长城时刻包围着他们。”罗广斌、杨益言在《红岩》中是这样描述的：“这座阴森的楼房，就是那无数根蛛丝的交点，也是织成毒网的那只巨大的毒蜘蛛的阴暗巢穴……一把把将军锁，紧锁着铁门，把集中营分割成无数间小小的牢房，使他看不见更多的人。”这就是我们的革命先烈在黑暗动荡的历史年代被敌人封锁和压制的艰难处境。

然而，在这一个个绝境中，却生长着一股“不可征服的力量”，他们面对挫折、摆脱困难、超越绝境，最终成就英雄史诗。这其中蕴藏的红色基因和精神能量值得当代青年体悟并传承。本部分就试着从这群革命先驱者的人生抉择中窥见其英雄的智慧与勇气，感受他们如何在绝境中燃起点点星火，又何以形成燎原之势。

读思讲堂

板块任务：同学们，斯诺在《红星照耀中国》中说，“如果我们想到中国共产党还不过是一个 16 岁的少年，那么它的成就实在不能算少了”。1927 年，面对国共合作的破裂和国民党反革命政变后的残忍屠杀，才刚刚 6 岁的“孩童”从革命的废墟上站立起来，赤手空拳地斗争出一个胜利的结果，开辟出一条自己的道路。到了 1936 年，中国共产党这个“少年”已然强大，这其中离不开革命先驱面对绝境时的智勇较量与强势突围。这一板块，我们重点探究斯诺笔下描摹的几位领袖人物，请同学们试着从肖像特点、革命经历和精神品质三个角度分析中国共产党和红军是如何在他们的领导下实现成长与壮大的。

《红星照耀中国》：革命先驱的智勇较量

在《红星照耀中国》中，斯诺真实记录了自1936年6月至10月在中国西北革命根据地进行实地采访的所见所闻，向全世界真实报道了中国共产党许多红军领袖、将领的情况，毛泽东、周恩来、朱德、彭德怀等是斯诺笔下最具代表性的人物。那么，就让我们以人物为线索，循着斯诺真实而细腻的书写，走进革命先驱的心灵世界，感受他们的生命力量。

(一)革命者的素描：外貌言谈中的卓越风度

斯诺在《红星照耀中国》中非常擅长通过肖像描写写出对诸多领袖外貌和言谈举止的第一印象，像是为人物绘制一幅幅素描，笔法精湛，妙趣横生。我们可以从这些精妙的肖像描写中，走进革命先驱深邃而丰富的精神世界。

斯诺笔下第一个浓墨重彩绘制的“素描画”是共产党人邓发(《第一篇　探索红色中国·汉代青铜》)。与斯诺在前往红区的路上初次见面时，邓发用国民党官员的制服作伪装，因为他是生活在敌营中心的共产党秘密警察。邓发机警沉稳，长期与敌人周旋并轻松脱身，由于多次成功清除特务和卖国贼，成为国民党“悬赏五万元取其首级”的目标。

他的一头黑油油的浓发下面，一双闪闪发光的眼睛紧紧地盯着我，他的青铜色的脸上露出了恶作剧的笑容……我后来注意到，这个人的行动有一种黑豹的优美风度……他把脸凑近我，露出笑容，锐利的眼光紧紧地盯着我，把我的两条胳膊紧紧地握在他的那双铁爪子中，然后摇摇脑袋，滑稽地噘起了嘴，向我眨着眼！“瞧瞧我！”他低声说，好像一个有什么秘密的孩子一样高兴。(第24—25页)

这是斯诺第一次见识到了“意想不到的中国人”。他写人常用“画眼睛”的方式直击人物内心，邓发热情活泼、勇敢大胆的形象如在眼前。

斯诺的中国之旅才刚刚开始。到了百家坪，他与周恩来相遇(《第二篇　去红都的道路·造反者》)。斯诺深感兴趣地观察着周恩来，用笔勾勒出他的样子：

他个子清瘦，中等身材，骨骼小而结实，尽管胡子又长又黑，外表上仍不脱孩子气，又大又深的眼睛富于热情。他确乎有一种吸引力，似乎是羞怯、个人的魅力和领袖的自信的奇怪混合的产物。他讲英语有点迟缓，但相当准确。(第48页)

周恩来的眼中有孩子气，富于热情，言谈举止却缓慢从容，风度翩翩，充满莫名的吸引力。他愿意使用早已生疏的英文与斯诺沟通，足见他的周到细致。这一举动，再次将斯诺在国民党口中听到的共产党人都是“无知土匪”“强盗”和爱用骂人的话等印象，狠狠地颠覆了。

与周恩来的冷静从容形成鲜明对比的，是酷爱高谈阔论，能“叫死人活过来打仗”的贺龙(《第二篇　去红都的道路·贺龙二三事》)。

他是个大个子，像只老虎一样强壮有力。他已年过半百，但仍很健康。他不知疲倦。他们说他在长征路上背着许多受伤的部下行军。(第 59 页)

贺龙的父亲是湖南哥老会的领袖，因此贺龙在年轻时就闻名湖南全省。他仇视有钱人，正是因为他强壮有力、不知疲倦的斗争精神，使地主乡绅听到他的名字就闻风丧胆，国民党报纸称他“劣迹昭著”。但贺龙又是极度真挚、谦逊的人，凭借对共产党的无比忠诚，感召吸引了越来越多的农民子弟自愿加入红军。而在斯诺前往陕北的路途上，已经听到太多评价印证贺龙等共产党人的成就：“红军对人民很好，不抢不打，不像白军……”“红军打地主和白匪，红军是抗日的。这样的军队为什么有人会不喜欢呢?”

历经多日的跋涉，斯诺终于来到红区腹地保安城，随后便见到了毛泽东(《第三篇　在保安·苏维埃掌权人物》)。斯诺依然先用一段肖像描写表达自己最初的印象：

他是个面容瘦削、看上去很像林肯的人物，个子高出一般的中国人，背有些驼，一头浓密的黑发留得很长，双眼炯炯有神，鼻梁很高，颧骨凸出。我在一刹那间所得的印象，是一个非常精明的知识分子的面孔。(第 69 页)

林肯在美国人心目中是一位伟人，如此类比除了外形上的相似之外，可窥见斯诺对眼前中国共产党领袖的敬意，而“知识分子”的印象也是第一次出现在斯诺的笔下，他引领读者带着更多未知的期待走进这片“红都”。

在这里，我们还会相继见到彭德怀(《第八篇　同红军在一起·彭德怀印象》)、徐海东(《第九篇　同红军在一起·红色窑工徐海东》)、朱德(《第十篇　战争与和平·关于朱德》)等众多军事将领。斯诺同样是从肖像描写切入，帮助读者感受他们彼此迥异的外貌与性情。而此时，我们也可以追随斯诺的目光深入人物内心，去触摸年轻时的他们难掩的英气与韧劲。接下来，他们的人生轨迹则能够透露出更多他们在复杂的道路抉择中选择加入中国共产党的原因，由此书写革命斗争的英雄史诗。

(二)革命者的史诗：人生抉择中的昂扬斗志

斯诺在《红星照耀中国》中常用质朴简洁的语言叙述革命者的人生轨迹，在不长的篇幅中展现共产党人在历史交叉路口所做的人生抉择，写出他们是如何播种出一粒粒红色的种子，又是如何著成一首首荡气回肠的革命诗篇的。

我们先以周恩来的人生经历为例。用斯诺的话说，周恩来是“一个书生出身的造反者”。周恩来1898年出生，从小就表现出突出的文学天赋。从辛亥革命开始，众多进步青年被卷到了社会革命运动中去，使中国受到触及灵魂深处的震动。周恩来也是其中一员，成为被震撼之后的“造反者”。我们可以试着用这样的图示来概括周恩来的革命经历。

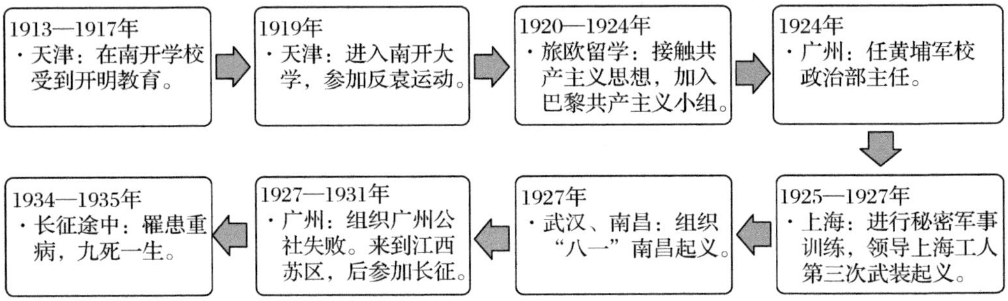

周恩来的革命经历并非一帆风顺，他参加学生运动曾被捕入狱，组织广州公社起义失败，还曾在长征中罹患重病，九死一生，终于到达西北红色根据地。在斯诺的笔下，“背弃古代中国的基本哲学，中庸和面子哲学；无可比拟的吃苦耐劳的能力；无私地忠于一种思想和从不承认失败的不屈不挠的精神——这一切似乎都包含在这个红军的故事和参加创建红军的一个人的故事中”。然而这个相貌英俊的年轻人却在斯诺的面前展现出“轻松愉快，充满了对生命的热爱”，他在面临人生抉择时从未选择退缩，这就是共产党人面对绝境的革命乐观主义精神。

我们再说说这本书中被给予了丰富笔墨的彭德怀(《第八篇　同红军在一起·彭德怀印象》)，他的一生也堪称传奇。彭德怀于1898年生于湖南省湘潭县的一个山村，母亲在他6岁时去世，失去依靠的他被整个家族抛弃，躲过被祖母溺死的噩运后，他开始了闯世界的生活。他曾经当过放牛娃、矿工、鞋匠学徒，积攒的1500文钱，却在换了军阀后变成了废纸。早年命途多舛的彭德怀在17岁时又经历了湖南的大饥荒，和成千上万的农民一样赤贫无依。大发横财的米店老板把前来买米讨食的农民全部赶走，此时彭德怀开启了第一次真正意义上的直接反抗——他带领农民攻打米店老板的家，把存粮运走分给农民。这次反抗后，彭德怀走上了革命的道路。

彭德怀18岁当上排长，却从未停下学习的步伐：他主动阅读《资治通鉴》，开始对军人应对社会负有什么责任有了一些认真的思索。后来他读了《新青年》，对社会主义产生了兴趣，开始研究马克思主义。对《共产党宣言》《资本论》《阶级斗争》等书籍的阅读更是让彭德怀不再悲观，怀着社会是可以改造的信念而工作……这一系列的过程都体现了革命者自己探寻出路的勇气和智慧。

直到 1927 年，29 岁的彭德怀已任旅长，并加入共产党，在自己的部队里吸收相信共产主义的青年，办马克思主义的政治训练班，成立士兵委员会。1928 年 7 月，彭德怀带领军校学生和起义的农民共同发起了平江起义，成立了湖南第一个苏维埃政府。这支队伍在两年以后已经是有着 8000 个兄弟的“铁军”，攻占了省会长沙。第五次反“围剿”失败后长征开始，彭德怀带领打先锋的队伍突破敌军的层层防线，一路攻克战略要冲，在西北苏区根据地找到了栖身之地。他的部下说，长征时他常常把马让给走累的或是受了伤的同志骑。就是这样一段斗争历史并没有把彭德怀塑造成一个疲惫、板着脸的狂热领袖，相反他是一个身体极为健康，动作和说话都很敏捷，喜欢说说笑笑，很有才智，善于驰骋的很活泼的人。这深刻诠释了一个“身经百战仍斗志昂扬，十年饮冰却热血难凉”的红军战士的形象。

在那样的时空，每个人的人生轨迹都是不平凡的，它们串起了红军将领在西北根据地的历史，同样串起了这一代中国青年在战争年代探寻前行之路的坚定足迹。

(三)革命者的咏叹调：绝处逢生中的坚定信仰

阅读《红星照耀中国》除了要关注革命先驱的人生经历，更要从中了解独属于共产党人的精神信仰，这是“红星”的真谛所在。从这本书中，我们“约略窥知使他们成为不可征服的那种精神，那种力量，那种欲望，那种热情。——凡是这些，断不是一个作家所能创造出来的。这些是人类历史本身的丰富而灿烂的精华”。这份精神信仰值得我们赞颂。

“不可征服的那种精神”究竟是什么？习近平总书记在纪念红军长征胜利 80 周年大会上的讲话中这样概括：“就是把全国人民和中华民族的根本利益看得高于一切，坚定革命的理想和信念，坚信正义事业必然胜利的精神；就是为了救国救民，不怕任何艰难险阻，不惜付出一切牺牲的精神；就是坚持独立自主、实事求是，一切从实际出发的精神；就是顾全大局、严守纪律、紧密团结的精神；就是紧紧依靠人民群众，同人民群众生死相依、患难与共、艰苦奋斗的精神。”而这些精神信仰牢牢熔铸在毛泽东等共产党人的身上。

一是坚定的革命理想和信念，坚信正义事业必然胜利的精神。斯诺写毛泽东：“他有着中国农民的质朴纯真的性格，颇有幽默感，喜欢憨笑……但是这种孩子气的笑，丝毫也不会动摇他内心对他目标的信念。”这种精神信念不会随着外部的困境与挫折而发生改变，反而愈发坚韧。在“一个共产党员的来历”一节中，毛泽东特别讲述曲阜之行。毛泽东曾经说过，马克思主义是他“山穷水尽诸路皆走不通了的”最后选择，在曲折复杂的心路历程里，曲阜之行无疑是一段重要的“实地的调查及研究”。毛泽东涉过小河，登上舞雩台，俯察大地，仰望高空，胸中洋溢起与孔子一样的为国为民的家国情怀，于是开始积极运用马克思主义的立场观点方法，解决中国革命的基本问题。这种面对逆境，坚守信念，积极寻求出路，摆脱困境和超越困难的行动源于理想信念。

二是为了救国救民，不怕任何艰难险阻，不惜付出一切的精神。毛泽东每天工作十三四个小时，常常到深夜两三点钟才休息，他的身体仿佛是铁打的。从小开始，毛泽东就“常常饿着肚皮，到华南山林中作长途的徒步跋涉，在严寒的日子去游泳，在雨雪中光着脊梁——这一切都是为了要锻炼他们自己。他们凭直觉知道，中国的来日需要他们有忍受最大的艰难困苦的能力”。果不其然，他的好体格在之后的革命经历中成为坚强的铠甲，在长征途中，除了几个星期生病之外，毛泽东和普通战士一样都是步行的。在毛泽东的带领下，红军战士没有被险恶的大渡河、大草地阻碍住前行的脚步，他们“不论在人力、大自然、上帝和死亡面前，都绝不承认失败”。

三是坚持独立自主、实事求是，一切从实际出发的精神。毛泽东的人生经历中出现过几次思想上的“转向”，他也曾受过自由主义、民主改良主义、空想社会主义等思想的影响，但是随着自己阅读经验和生活体验的丰富，毛泽东从实际出发转变自己的思想，成为坚定的马克思主义者。在《斯诺文集》(第3卷)中有这样的描述：“他是一个有力的进取的和有决断的人，他而且是一个能干的政治和军事的战略家。……毛主要是一个社会革命家，蒋主要是一个社会保守家。蒋是一个自是的人，他的脱离群众的性质，常在有意地强调保持中国旧有的权威人物的传统。毛却不大神秘。他决不说没有错误。我曾听到他承认错误，他是不以改变他的意见为耻的。”①

四是坚持顾全大局、严守纪律、紧密团结的精神。在斯诺对毛泽东的采访中，他逐渐发现毛泽东的叙述已经开始脱离“个人历史”的范畴，升华为一个伟大运动的事业了。他带领红军改进群众工作，加强纪律，摸索出新的组织方法，为了争取人民群众的信任，颁布“上门板、捆铺草、借东西要还”等注意要求，后来发展为“三大纪律、八项注意”，紧密团结农民群众。这种组织纪律性也是红军在如此艰苦的环境下能够到达西北革命根据地的基础。

---

① [美]埃德加·斯诺：《斯诺文集》(第3卷)，北京：新华出版社，1984年版，第239页。

五是紧紧依靠人民群众，同人民群众生死相依、患难与共、艰苦奋斗的精神。在斯诺的眼中毛泽东是有着非常深邃情感的人，他曾写道：“我记得有一两次当他讲到已死的同志或回忆到少年时代湖南由于饥荒引起的大米暴动中发生死人事件的时候，他的眼睛是湿润的。在那次暴动中他的省里有几个饥饿的农民因到衙门要粮而被砍了头。有一个战士告诉我，他曾经亲眼看到毛泽东把自己的上衣脱下来给一位在前线受伤的士兵穿。他们又说当红军战士没有鞋穿的时候，他也不愿意穿鞋的。”这份与群众、士兵患难与共的革命情怀是革命先驱的精神品质中最柔软也最坚强的部分。

综上所述，斯诺在《红星照耀中国》中对革命先驱的外貌举止、人生抉择和精神品质的描绘聚合成一股强大的能量深深震撼着读者。红军战士在绝境中不仅要与敌人进行生死较量，更要与自己的内心较量，最终，面对挫折，他们战胜了困难。我辈青年需在革命先驱精神旗帜的引领下，勇迎逆境，智克逆境，在逆境中涅槃重生。

读思旅伴

板块任务：同学们，接下来我们要开始共读《红岩》。与纪实文学《红星照耀中国》不同，《红岩》是一部小说，作者流畅紧凑的叙事让读者身临其境般地感受七十余年前的那个焦灼紧张，同时洋溢着共产主义理想信念的热血年代，重点展现了革命先烈在斗争中的智勇抉择。在这一板块，请同学们特别关注其中先烈在绝境中的“生死交锋”，并迁移前文对人物形象分析的方法，尝试从正面人物和反面人物在相似语境下的不同人生抉择，管窥革命烈士宁死不屈的红岩精神。

《红岩》：革命先烈的生死交锋

《红岩》描写了人民解放军进军大西南的形势下，重庆的国民党当局疯狂镇压共产党领导的地下革命斗争，表现了许云峰、江雪琴、成岗等共产党人在狱中所进行的英勇斗争，虽然他们最后惨遭屠杀，但充分显示出共产党人视死如归的大无畏英雄气概。今天阅读《红岩》，我们要学会透过文本去感知那段历史，将小说作为触摸先辈英雄的一架桥梁，可以发现他们距离我们并不遥远。让我们一起走进革命先烈所处的历史环境，品读《红岩》中那些扣人心弦的“生死交锋”。

(一)“生死交锋”题解

“交锋”最初是指锋刃相交，就是交战，双方正面冲突。后又引申为两种对立思想的争论（斗争）。那么在《红岩》中存在哪些交锋呢？

《红岩》中最为突出的就是坚守共产主义信仰的革命志士与国民党反动派之间的交锋。在1948年的中国，有两种颜色笼罩在山城重庆的上空，一种是红色，一种是黑色。红色象征着坚贞不屈的革命者的理想与热血，而黑色则代表着国民党反动派的凶狠与阴暗。对立的双方展开生死交锋，精彩的是，小说中的正面人物是立体鲜活的，他们有智慧、有勇气、有铮铮铁骨；而反面人物也并没有被简单化、脸谱化，他们是圆滑狡诈的，有手段，不容易对付。故事在两方的头脑和毅力的交锋中展开。

不过，我们分析的“生死交锋”不仅包括正邪势力之间的矛盾冲突，还包括小说中人物在极端环境下面对选择时的内心交锋。如在生与死的边缘，甫志高是如何在内心交锋中选择了投敌苟活？江姐、许云峰等人又是经历了怎样的挣扎与坚持，宁愿放弃自己的生命，用牺牲来成就更大的胜利？这何尝不也是一种“生死交锋”？

（二）徐鹏飞 vs 许云峰：穷凶极恶与浩气凛然

我们先来看许云峰和徐鹏飞。这两个人物是《红岩》中共产党地下工作者和国民党特务集团的两大代表，他们之间有过几次面对面的精彩交锋。徐鹏飞面对许云峰可谓一计不成，又生一计，软硬兼施，步步紧逼；许云峰面对敌人的诡计则是沉着冷静，针锋相对，凛然不屈，给敌人一次次失望与打击。他们的交锋大大小小可以分为六轮，主要集中在第九章和第十章，我们一起来看看徐鹏飞都耍了哪些阴谋。

表1　许云峰与徐鹏飞的“生死交锋”统计

	徐鹏飞的阴谋	许云峰的应对	交锋结果
第一轮	用其所收集的许云峰参加地下工作的材料和照片威胁。	“单凭这些支离破碎的材料……休想找到任何革命者。” “尽管许云峰掌握着你渴望知道的一切材料，却只能给你加添烦恼！”	“猝不及防地毁去了他预想的效果。” “一点儿也没有戳中对方的要害。”
第二轮	通过给成岗用毒刑，企图击溃许云峰的心理防线。	“人民革命的胜利，是千百万人的牺牲换取的！为了胜利而承担这种牺牲，是我们共产党人最大的骄傲和愉快！” “你们根本无法理解共产主义者的伟大情操！”	“徐鹏飞突然沉默下来，不知如何应付了。”

续表

	徐鹏飞的阴谋	许云峰的应对	交锋结果
第三轮	安排许云峰与成岗"单独见面"，在他们的对话中获得情报。	"我是《挺进报》的负责人。" "老许有意把敌人的全部注意力都引向自己，保护着组织，也保护着同志。"	徐鹏飞一无所获。
第四轮	以获得释放为诱饵，诱惑许云峰和成岗写"自白书"，企图分化二人。	许云峰大步上前，扶着成岗的肩头，满怀自信地朗声说道："让我们迎着胜利的曙光——看共产主义的红日出现在东方！"	"徐鹏飞脸色急遽地变化着，额角的青筋剧烈地抽搐……明白分化这两个人是不可能的了。"
第五轮	以"马上处决"的方式相威胁。	"头可断，血可流，共产党人壮志不屈！" "拷打得不到的东西，刑场上同样得不到。"	"徐鹏飞带着绝望和幻灭的心情，听着窗外的枪声，觉得是那么无力和空洞，完全没有达到预期的效果。"
第六轮	宴请许云峰，欲拍下碰杯照片，谎称许云峰与国民党合作，迫使其低头。	"要和共产党员碰杯，你们永远休想！" "共产党人决不像你们国民党这样卑鄙，拿人民的血汗来填灌肮脏的肠胃！要干杯，你们自己去干吧！"	徐鹏飞"黔驴技穷"。

作者笔下二人的交锋实在扣人心弦，塑造出立体的人物形象。特务头子徐鹏飞凶狠残忍、阴险狡诈，掌握一套反革命经验。在他看来，当特务不仅要"胆大心狠，机警毒辣"，还要能"抓住对方心理的、生理的、家庭生活的、感情上的各种弱点"，瓦解其意志，达到各个击破的目的，于是他使用了威胁、利诱、直击情感弱点等方法，不择手段地想从许云峰处获得地下党的情报，然而机关算尽，到最后却一无所获。这是作者对以徐鹏飞为代表的反革命分子奸诈残忍行径的直接批判与无情揭露，更是从侧面极大地突出了许云峰超人的毅力、非凡的胆识、过人的智慧和自我牺牲的精神，这是他人格的伟大，更是理想信仰赋予他的力量。

许云峰与徐鹏飞的最后一次交锋耐人寻味。那是重庆解放的前夕，当被问到，胜利就在眼前，可是看不见自己的胜利，此时此刻是何心情时，许云峰坦然地说：

这点，我完全可以奉告。我从一个普通的工人，受尽旧社会的折磨、迫害，终于选择了革命的道路，变成使反动派害怕的人，回忆走过的道路，我感到自豪。我已看见了无产阶级在中国的胜利，我感到满足。风卷残云般的革命浪潮，证明我个人的理想和全国人民的要求完全相同，我感到无穷的力量。人生自古谁无死？可是一个人的生命和无产阶级永葆青春的革命事业联系在一起，那是无上的光荣！这就是我此时此地的心情。（第 555 页）

徐鹏飞听到这样的回答又一次茫然而不知所措。最后一次交锋，许云峰完胜，他无私无畏的话语让人肃然起敬。两人的交锋在小说中形成鲜明对照，充分体现出共产党人的顽强不屈，也向世人昭示着理想和信仰的力量。

面对生死交锋，有的人穷凶极恶，有的人浩气凛然。

(三)郑克昌 vs 华子良：软弱多变与坚如磐石

郑克昌与华子良同样是小说中“同而不同”的两个人，他们之间没有直接的正面的接触，相同之处均是“卧底”的身份。他们在那段特殊的历史时期隐藏身份，与自己的对立阵营进行生死交锋，但二人“卧底”的手段各不相同，最重要的是，二人的结局大相径庭。那么他们是否完成了自己的使命？不同结局背后的原因又是什么呢？

我们先来看郑克昌，他是徐鹏飞手下的一个特务，曾带着伪装三次打入共产党的内部，套取党内机密。

表 2　郑克昌的三次“伪装”①

	第一、五、七章	第十八章	第二十一章
伪装身份	热爱阅读的进步青年	李敬原的“联络员”老朱	新闻记者高邦晋
伪装行为	入住沙坪书店，了解地下党机密，同时向特务组织报告地址，逮捕工人	利用刘思扬急于找到党组织并澄清自己的心理，让他写出狱中党员与地下党组织的联系，窃取其中的机密	以“遭受毒刑”为名进入渣滓洞，骗取信任，鼓励学生引起敌人注意，找监狱中党组织的负责人
破绽	从未到过书店的黎纪纲突然闯入，许云峰机智识破	语言过于激进且过早过急地套问党的机密，在李敬原的提醒下被刘思扬识破	余新江设计一封假信哄骗并识破

郑克昌在《红岩》的故事中可谓是“千变万化”，带着伪装的面孔多次与共产党地下党进行正面交锋，然而他的结局却是因为传递了假情报，并泄露了特别顾问

① 表格参考李永茂主编：《初中名著阶梯助读(七年级下册)》，北京：北京教育出版社，2021 年版，第 205 页。

的计划，被自己所效力的特务机构结束了性命。郑克昌为何失败？我们来回顾一下他在第三次伪装行动之前的心理活动：

这一次，实际上是戴罪图功，所以他更缺乏信心。到集中营里冒险，周围都是共产党，难保不落得一个身败名裂的下场。想着自己的任务，他一阵阵地周身战栗。他觉得，这种缺乏信念的情绪，并不是他个人特有的，连徐鹏飞，连老奸巨猾的特别顾问，也难免没有类似的情绪。一次次的周密计谋，初时仿佛大有希望，结果却是一场空！

前些时候，接到黎纪纲从美国寄来的信，看了那张穿着笔挺西服的照片上微笑的面容，心里曾泛起一阵酸溜溜的滋味。此刻，置身在这凶险的旋涡里，忆起幸运的黎纪纲，不禁又出现了羡慕和忌妒的情绪……(第 410 页)

从这两段材料，结合他本人的几次经历，我们不难看出他失败的原因：急于求成、贪生怕死、追求物质，他接受卧底任务并非因为理想信念，而是为了邀功请赏和个人享受，而在被余新江等人识破后，没有信念支撑的郑克昌毫无抵抗之力，只得供认不讳。郑克昌的末路不是偶然，也不是郑克昌个体的悲剧，这是意志薄弱、缺乏信念的反动派共同的末路结局。

而“疯老头”华子良则完全相反，他没有千变万化的伪装，却拥有一以贯之的信仰。十几年如一日地佯装疯癫、忍辱负重，为的是麻痹敌人敏感的神经，为地下党同志密送情报，为集体越狱做准备。对比郑克昌的急于求成，华子良是深谋远虑的；对比郑克昌的贪生怕死，华子良从不畏惧与敌人的正面交锋，常常冒着极大的生命危险，穿梭于白公馆的每个角落，抓准时机一次次完成自己的使命；相比郑克昌为了个人利益邀功请赏的心态，华子良却多年顶着战友们的鄙夷，非到必要时刻，绝不与同志们联系。他的卧薪尝胆终究没有白费，当他面对齐晓轩询问联络口号时应声答到“让我们迎接这个伟大的日子吧”时，齐晓轩的眼睛湿润了，读者也为之动容。这就是一个优秀共产党员的毅力、胆识和信念，在与敌人的生死交锋中从不退缩，也必将胜利。

面对生死交锋，有的人软弱多变，有的人坚如磐石。

(四)甫志高 vs 刘思扬：苟活于世与视死如归

刘思扬和甫志高两人同样具有可比性。刘思扬本是大资本家家庭的三少爷，养尊处优。他和甫志高有着相似的出身，都是知识分子，有着知识分子特有的学识和个人抱负，但最后却走向截然不同的两条道路。请大家思考，为何同为共产党员，刘思扬被捕后始终坚持革命、坚持信仰，而甫志高被捕后就投降叛变了呢？

首先，两个人入党的初衷就不相同。刘思扬在被甫志高出卖后被捕入狱，特务问他为什么走这条路、为什么要入党、为什么说马列主义是真理时，他当时回答："在大学里，我学完了各种政治经济学说。最后，才从唯物主义哲学、'资本论'和人类社会发展的规律中，找到了这个真理，只有无产阶级是最有前途的革命阶级，只有它能给全人类带来彻底解放和世界大同！"

他的理想是纯粹的，被行动证明的，不容置疑的。反观甫志高，他入党的动机是什么？当他发现与许云峰和江姐相处并不愉快时，他的心理活动是："他觉得，在这种领导下，不能盲目服从，在为党工作的时候，不能不为自己的抱负想一想，做点安排。"他表面上对陈松林说为了人民的解放，要"放手工作，大胆联系群众"，却全然不顾当时四面伏击的艰险环境。在自己因为粗心被暴露的时候，心里想的是"天生我材必有用，要在革命斗争中露出头角，而不被时代的浪潮淹没，就应该在力所能及的条件下，尽可能地发展自己，这绝非过分的事"；想的是，这一定是江姐、许云峰故意来压制他，不让他出头，自己想要向党对他们提意见，又怕解放后遭打击报复，不能谋得好职位。这完全是在为自己着想，为了自己升官发财。

其次，他们在被捕后经历内心的挣扎与激烈的自我交锋后做出的选择不同。甫志高在叛变的时候，有没有经历内心的交锋？恐怕也有，他也经历了严刑拷打，但面对个人的生死与集体的胜败时他选择了个人的苟活，并且在江姐被捕的时候对她控诉："党给了我什么好处？凭什么要我为你们卖命？"这完全是个人利益至上，哪里有一点共产党员的精神。

相反，刘思扬在面对能够出狱的诱惑时，主动提出："我不稀罕这种自由，马上送我回渣滓洞去。""不释放全部政治犯，我决不出去。"这是他内心第一次交锋的结果，他甘愿舍弃优渥生活，选择正义的事业。在被强行押回家后，刘思扬很委屈，并担忧党会不再信任自己，这是一个年轻知识分子正常的心理。尽管如此，在面对郑克昌伪装的老朱要求写"自白书"时，经过冷静思考，他最终没有违背党的原则透露一丝消息。他再次经历了内心的交锋，成功保护了同志们的安全。这之后，年轻的刘思扬一次次经历严峻的考验，但他在自我交锋中一次次做出正确的选择，在磨砺中成长，最终在白公馆越狱过程中带着视死如归的勇气，保全他人，壮烈牺牲。

《钢铁是怎样炼成的》里说道："知道为什么而死，问题就不同了。懂得这个道理的人，就会有力量。要是你感到真理是在你那一边，你就会死得从容。英雄的行为就是这样产生的。”

面对生死交锋，有的人苟活于世，有的人视死如归。

当昔日“许云峰”们牺牲生命去追求的理想，变为今天我们看似“与生俱来”的美好现实，足以说明这部作品不应该被年轻的一代错过。毕竟只有当年轻一辈去了解“为什么我们拥有今天”的时候，才说明他们是在真正去了解脚下的这片土地。那些曾为我们出生入死的英雄，是我们之所以成为我们的缘由。黎明前的黑夜茫茫无边，风雨如磐的斗争岁月里，是他们始终坚定理想信念，怀着巨大的人格力量与浩然正气反抗强敌，从而将宁难不苟的红岩精神延伸为中国革命精神谱系里重要的一部分。

读思飞扬

板块任务：同学们，《红星照耀中国》和《红岩》均是中国共产党人追求民族独立解放的历史记忆，其中塑造了众多革命先驱的光辉形象。但容易被忽视的是，两本红色经典名著中也都描摹或塑造了令人印象深刻的“儿童”（国际《儿童权利公约》界定儿童是指 18 岁以下的任何人）形象，如《红星照耀中国》中的“红小鬼”和《红岩》中的“小萝卜头”。他们与大家年龄相仿，却在特殊的历史年代创造出值得书写和铭记的革命功绩。请大家思考，这些儿童形象在两部作品中是如何呈现的？他们在作品中拥有怎样的独特价值？又带给我们什么样的生命启示呢？

赤子之心

——《红星照耀中国》《红岩》中的“儿童”形象分析

（一）探究方法建议

1. 勾画摘抄原文中提到“红小鬼”和“小萝卜头”的主要事件。
2. 通过主要事件分析“红小鬼”和“小萝卜头”的人物形象。
3. 结合全文理解“红小鬼”和“小萝卜头”的独特价值。

（二）探究过程

1.《红星照耀中国》中的“红小鬼”形象展现

在《红星照耀中国》的第十篇，斯诺用一整节专门介绍“红小鬼”。“红小鬼”代指的是西北苏区那些 12—17 岁的少年先锋队队员。作者塑造了多个鲜活的“红小鬼”形象，也集中展现了这一群体的鲜明特征。

首先出场的“红小鬼”是一队号手。斯诺叫住了其中一个号手谈话，他仍然先通过肖像描写展现人物的精气神："他穿着网球鞋、灰色短裤，戴着一顶褪了色的灰色帽子，上面有一颗模模糊糊的红星。但是，帽子下面那个号手可一点也不是褪色的：红彤彤的脸，闪闪发光的明亮眼睛，这样的一个孩子你一看到心就软了下来，就像遇到一个需要友情和安慰的流浪儿一样。"这个看上去稚嫩的孩子却已经是位老红军了。他告诉斯诺，他今年15岁，四年前在南方参加了红军。至于为何要参加红军，他解释在自己的老家福建漳州，正是因为红军的到来把原本压迫他们的地主、放债的和做官的都给赶跑了，他家分到了地，用不着再缴税缴租了。在被问到农民是否喜欢红军时，小号手答道："他们当然喜欢。红军分地给他们，赶走了地主、收税的和剥削者。"斯诺追问小号手："你怎么知道他们喜欢红军呢？"他回答说："他们亲手替我们做了一千双、一万双鞋子。妇女给我们做军服，男子侦察敌人。每户人家都送子弟参加我们红军。老百姓就是这样待我们的！"有理有据，态度分明。由此可见，作为"红小鬼"的小号手对红军的认同与热爱是发自内心、异常笃定的，而他现在也在以红军的身份要求自己，承担起解救劳苦大众的使命与责任。斯诺说："不用问他是不是喜欢他的同志，十三岁的孩子是不会跟着他所痛恨的军队走上六千英里的。"

红军里有许多像他一样的少年。《"红小鬼"》一文还简要介绍了山西娃娃、十五岁的瘦少年、上海学徒、李克农的小通讯员向季邦四位少先队员的经历与言行，我们可以通过上述方式去分析他们的性格特点。这样的"红小鬼"在西北苏区一共约四万名，来自全国各地。他们当中有许多人像这个小号手一样，熬过了长征的艰苦。我们试着探求这些"红小鬼"群像的精神品质。

首先，"红小鬼"在不同领域各司其职，他们在红军里当通讯员、勤务员、号手、侦察员、无线电报务员、挑水员、宣传员、演员、马夫、护士、秘书甚至教员。有一次，他们在后方检查过路旅客有没有路条。他们十分坚决地执行这项任务，把没有路条的旅客带到当地苏维埃去盘问。彭德怀有一次被几个少先队员喝令站住，要看他的路条，否则就要逮捕他。"但是我就是彭德怀，"他说，"这些路条都是我开的。""你是朱总司令我们也不管，"小鬼们不相信地说，"你得有个路条。"彭德怀只好写了路条，签了字交给他们，才能够继续上路。这体现了"红小鬼"的尽职尽责。

其次，在加入红军之前，这些"红小鬼"的人生经历并不平顺，大多是从人口多、生活困难的人家来的，但他们主动参加红军后，尽管整天行军，极为疲累，却总是愉快而乐观。他们的命运也与红军的命运紧密相连。在西安府污秽的监狱里，关着200多名这样的少年，他们或是在做侦察及宣传工作时被捕，或是行军时因赶不上队伍而被抓，但是他们的刚毅坚忍精神令人叹服。这体现了“红小鬼”对红军的绝对忠诚。

最后，斯诺曾询问“红小鬼”经历长征后的体会：“很苦吧，嗯?”他们却说：“不苦，不苦。有同志们和你在一起，行军是不苦的。我们革命青年不能想到事情是不是困难或辛苦；我们只能想到我们面前的任务。如果要走一万里，我们就走一万里，如果要走二万里，我们就走二万里!”他们是这么说的，也是这么做的。这体现了“红小鬼”不畏艰险的顽强意志。

正是“红小鬼”如此的尽责、忠诚、顽强，“我觉得，大人看到了他们，就往往会忘掉自己的悲观情绪，想到自己正是为这些少年的将来而战斗，就会感到鼓舞……因此看到他们，就会使你感到中国不是没有希望的，就会感到任何国家有了青少年就不会没有希望”。“红小鬼”年龄虽小，不能如先驱领袖般创造伟业，但他们身上的乐观积极精神鼓舞人心，他们在苏区各个领域发挥了力所能及的巨大作用，也力争独当一面地推动革命的前行。“只要这些少年能够得到解放，得到发展，得到启发，在建设新世界中得到起应有的作用的机会”，斯诺如是说，希冀这份力量能够感召更多的青年人在新时代找到自己真诚热爱的方向，并在不懈奋斗中实现生命价值。

2.《红岩》中的“小萝卜头”形象塑造

小萝卜头在红岩烈士群像中，不一定是最闪耀的，但却是独一无二的。我们探寻红色精神，不能忘记“小萝卜头”这一人物形象。小萝卜头是我国年龄最小的烈士，8 个月大时随同母亲被国民党特务关进监狱，在白公馆过着难以想象的非人生活，9 岁时被国民党特务残忍杀害于松林坡。共青团中央曾这样评价他：“这个不到 9 岁、头大身子小的孩子，一生没见过外面的世界，不知道真正的糖是什么样，却可以分辨什么是‘善’什么是‘恶’。”这份对善恶的判断使他坚定地站在正义的一方，为重庆的顺利解放、红岩精神的传承做出了难以磨灭的贡献。

“小萝卜头”原名叫作宋振中，作者在对其肖像描写中透露出他这一昵称的来历：“小萝卜头是个九岁多的孩子，头长得很大，身子却很纤瘦。他身上穿的衣服，还是两年前妈妈给他缝的，现在穿起来仍有点嫌大。他太不肯长了，只像个五六岁的孩子。他的手又薄又小，脚也只有一点点大，可是他的头却发育得比较正常，和身子不相称，显得异常的大。看见他的人，都爱摸着他可爱的脑袋，叫他‘小萝卜头’，连爸爸和妈妈也这样叫他。”小萝卜头的特殊地位在于他由于“年纪太小，没有戴脚镣，可以四处走动，是相对自由的囚犯”，因此他成为共产党在白公馆的“地下联络员”，观察狱内情况，秘密传递信息。对这一人物形象的描写集中在小说的第十九、二十章。

首先，我们能够看出小萝卜头的成熟持重、能力超群。在小说第十九章刘思扬被关进白公馆时，小萝卜头仅凭借他的“胡子好长”的外貌就准确判断出他“在渣滓洞起码关了大半年”，足见他非凡的观察力和判断力。而他对刘思扬说的一句“成岗是我的朋友”，迅速建立起共产党员之间的关系网，足见其小小年纪却老成持重，让读者惊叹一个9岁的儿童竟有如此清醒的头脑和缜密的思考。不仅如此，由于接受曾到过苏联的黄以声将军的教导，小萝卜头早就学会了俄语，所以遇到特务监视时，一老一少就用俄语对话。不懂俄语的特务干着急，没有办法，所以他们能够很顺畅地传递情报。小萝卜头的记忆力也很好，字典上的字都能认能写，还能讲解，有时还拿那本袖珍字典上的古僻字来考问白公馆里的大人。这些能力使他在狭小的监狱中发挥着不可取代的作用。

其次，小萝卜头胸怀大任，勇于担当。由于特务狡猾奸诈，常会伪装成革命人士混入监狱获取情报，小萝卜头还承担起辨别敌友的任务。在成岗的回忆中，小萝卜头初见他就通过询问一连串问题和观察受伤情况确定他的共产党员身份，摸底行为的目的在于保证自己联络的是真正的同志，不泄露一丝一毫的秘密信息。小说第二十章曾浓墨重彩地描绘过一次小萝卜头传递情报的情节。他发现某个深夜有个犯人被关进地窖，齐伯伯让他去打听消息并取得联系，但是“一直都没有机会，特务管得很紧，两道没有风洞的铁板门，都上了锁，进不去”，所以他的任务始终没有完成。直到要被敌人带离白公馆，经过深思熟虑，他决定求助成岗帮忙传递情报。临行前，小萝卜头对成岗说：“该怎么告诉齐伯伯啊……我今天就要走了……”声音里，充满了未能完成任务的内疚和沮丧。他明亮的眼睛黯淡下来，难过得快流泪了。愧疚的背后体现的是小萝卜头对自己的严格要求和对党的事业的高度负责，他不过多考虑自己的命运如何，内心最惦念的是情报能否顺利地传递，这份忘己忧国的革命精神在他的这个年龄是极其难得的。

最后，我们不要忘记小萝卜头的天真善良和对自由的追求。小萝卜头从记事起就极少离开这个闭塞阴暗的监牢，他对外面的世界充满渴望——“他把每天读的书放在楼栏杆旁，双手抓住比他还高半头的楼栏杆，踮起脚跟，看白公馆墙外的群山”。在向远方眺望时，几只蝴蝶吸引住了小萝卜头的目光，他捉住了蝴蝶却又很快决定放开它。“啊，它失去了自由。小萝卜头若有所思地停住了手。他把盒子重新打开，轻声说道：‘飞吧，你飞呀！’”他善良的心性不忍蝴蝶失去自由，也表现出他对自由生活的渴望，而这种渴望也体现在他的一幅画作中。这幅画中，“顶上是一片蓝天，过多的颜色，把天空涂得浓浓的。下边是金黄的山，翠绿的森林，山头上露出半个大太阳，放射着耀眼的红光。角上写着两个丰满的字：'黎明'。孩子的画不太高明。可是，气势很大，蓝色、红色、金黄和翠绿，挤满了画面，把一张纸装得满满的。他的笔锋充满了炽热的渴望自由的强烈感情”。这份对自由的渴望不是为了个人享乐，而是期待民族解放的到来——“解放了，我们也坐飞机回去!”

作者“对于小萝卜头的归宿，巧妙地以成岗与刘思扬的对话‘不仅仅是一个小萝卜头，我们牺牲过多少坚强的同志。决不能忘记这些血海深仇’来含蓄交代”①。包括小萝卜头在内的先烈们用鲜血和生命换来的江山，需要我们后辈努力建设，我们应延续这份对崇高生命价值的追求，牢记历史使命，更不忘这些年轻的、伟大的革命烈士背后的赤子之心。

读思墨涌

板块任务： 同学们，阅读完《红星照耀中国》和《红岩》两本书，请从革命英雄的“人生抉择”角度，选取你印象最为深刻的人物或事件，探讨当代青年应该如何敬畏生命，传承红色基因。

学生作品展示

《红星照耀中国》中伟大而又真实的人物

张坤妍

有这样一个特殊的年代，铜墙铁壁，新闻封锁；有这样一个人，冲破国民党严密的封锁线，四个多月的实地考察，14 本密密麻麻的笔记本，30 卷胶卷，第一个向世界报道了红军长征的消息；有这样一本书，不仅使中国万千青年走上革命之路，也使国际社会对中国有了真实的认识，国际反法西斯战士白求恩受之影响奔赴中国。让我们走近这位作者并阅读这本书，共读美国新闻工作者埃德加·斯诺的著作——《红星照耀中国》。

埃德加·斯诺以“他者”的目光观察红军苏区，他对共产党抗日政策的转述，对苏区生活的描写，自然也会带有西方记者的立场，但他力图还原真相，没有戴“有色眼镜”，更没有刻意“过滤”，从而保存了历史的真实与丰满，是那种有质

① 戚万凯：《以“小”见“大”彰显红岩精神——浅析〈红岩〉小萝卜头人物形象塑造手法》，《重庆文艺》，2022 年第 2 期。

感、有细节的真实与丰满。斯诺是记者，又是有天赋的作家，他的报道“很文学”，可读性很强，特别是对毛泽东、周恩来、彭德怀等许多革命家的采访，注入了人性的关怀。他的纪实写作毫不做作，是质朴而真诚的。

比如他对毛泽东的第一印象是天赋机智，是一个无所不读的读者，是一个哲学和历史的深入研究者，是极有天才的军事和政治的战略家。但就是这样一位战略家极爱吃辣，笑谈“爱辣的人都是革命者”的理论，非常喜欢当时的红军流行歌曲《热热的红辣椒》。又比如斯诺猜想周恩来一定是一个狂热分子，但相处之下发现他谈吐缓慢安详、深思熟虑，尽管有长而黑的胡子，外表上仍不脱孩子气，和国民党所宣传的“无知共匪”简直不沾边。相反，周恩来充满了对生命的热爱，和斯诺走在安静的乡间田埂时，胳膊爱护地搭在斯诺的肩上。在斯诺的眼中，周恩来似乎是在南开大学读书的青年——面目英俊，身材苗条，充满朝气。还有彭德怀，他曾因为没有路条跟尽职尽责的“红小鬼”斗智斗勇，他曾在吃西瓜竞赛中输给了一位医生，会在骑马前行或攀爬险山时提出“看谁最快”的挑战，还会在看“抗日剧社”演出时，把自己的棉袍给小号兵围上御寒……这些生活中的场景是多么打动人心啊！

埃德加·斯诺还写了朱德、贺龙、徐海东等人，他们的理想信念相同，可是性格各异，言行举止透露各自的人格魅力。原来我们崇拜的伟人和英雄，都有着那样可亲的、生活化的一面。好像伟人和英雄离我们并不遥远，他们的精神气质一直在感染我们。

《红星照耀中国》问世多年，现在读来仍然不觉枯燥，因为作者写得真挚而纯粹，其中对百种人物的鲜活记录带给读者丰富立体的阅读体验。斯诺写工农红军，写中国共产党的领袖，写延安红色政权，他的视角、态度和语言，都具有鲜明的特色。特别是他笔下的革命领袖，有理想、有情怀，具有非凡的魅力，但又真实、亲切。在诸如饮食、住宿、开会、演出，甚至房屋摆设、身体语言等细节描绘中，我们能感受到根据地那种“自由、尊严、希望”。根据地的每个人都不忘自由、舒展以及个性的张扬。这让我不禁感慨，今天我们所崇敬的伟大领袖、革命先驱也曾如此鲜活，而他们又曾在民哀国殇之时挺起了民族的脊梁，为我们今天的安宁和幸福出生入死、赴汤蹈火。

读《红星照耀中国》，感受革命先辈伟大而真实的人格。望头顶的红星闪耀，那是共产主义之光普照中国。今日之我辈，应薪火传承，定不负先辈之理想，创造时代之辉煌！

《红岩》中江姐不屈的灵魂

袁　来

以前就听爸爸妈妈提到过《红岩》这部经典的红色著作，这个寒假我有机会读到这本名著，感到很幸运，心灵也受到无比震撼。

这部小说以重庆解放前夕“中美特种技术合作所”集中营中敌我斗争为主线，展开了对当时国统区革命斗争全貌的描写，通过集中营的狱中生活、重庆城内的学生运动和地下工作、农村根据地的武装斗争等三条斗争线索，集中描写无产阶级革命者为迎接全国解放，挫败敌人垂死挣扎而进行的最后决战。作品真实地展现了国民党统治行将覆灭、解放战争走向全国胜利前夕的斗争形势和时代风貌，成功地塑造了以许云峰、江姐、成岗和华子良等为代表的共产党人的英雄形象，热情讴歌了他们坚定的信仰与不屈的斗志。

特别是为大家熟知的共产党员江姐，给我留下了深刻印象。江姐本名江竹筠，1920 年 8 月 20 日出生于四川省自贡市大安区大山铺镇江家湾的一个农民家庭，1939 年加入中国共产党。江姐是重庆地区党组织的重要人物，是为中国共产党追认的女烈士。在“反内战、反饥饿、反压迫”的学生运动中，江姐受中共重庆地下党组织的指派，负责组织学生与国民党反动派进行英勇斗争。由于叛徒的出卖，1948 年 6 月 14 日，她在万县被捕，被关押于重庆渣滓洞监狱。面对敌人的严刑拷打，江姐始终坚贞不屈，1949 年 11 月 14 日，在重庆即将解放的前夕，被国民党军统特务杀害，为共产主义理想献出了年仅 29 岁的生命。同志们习惯称她江姐，以表敬爱之情。江姐在临刑之前还写下了一封托孤遗书，是用筷子磨成竹签作笔，用棉花灰制成墨水。这封遗书满载着江姐作为一名母亲对儿子浓浓的思念之情。

这段历史、这位人物离我们似乎已比较遥远，但是无论时空如何变幻，江姐的精神永远值得我们铭记、学习。

我们要学习江姐坚定的信仰。面对敌人的酷刑，江姐说：“你们可以打断我的手，杀我的头，要组织是没有的。”正是因为心中有坚定的信仰，才有钢铁般的意志，才能不畏惧强敌、不害怕困难，才能视死如归。对于新时代的少年来说，我们也要坚定共产主义信仰，增强克服一切困难的信心和斗志。

我们要学习江姐心中有党的信念。在狱中，国民党军统特务用尽各种酷刑：老虎凳、吊索、带刺的钢鞭、撬杠、电刑，并用竹签钉进她的十指……妄想从这个年轻的女共产党员身上打开缺口，以破获重庆地下党组织。江姐说：“竹签子是竹做的，共产党员的意志是钢铁！”江姐心中装着党、装着组织、装着大家，就是没有自己。作为中学生，我们也要心中有祖国、有党、有集体、有他人，当个人利益与集体利益发生矛盾的时候，要以国家利益、集体利益为重。

我们要学习江姐高尚的人格。在就义前，江姐平静而坚定地与战友们一一告别，亲吻“监狱之花”，梳理好头发，换上整洁的蓝旗袍，平整好衣服的皱痕，然后从容地走向刑场。如果一个人连死都不害怕，他还会害怕什么呢？江姐为信仰和理想献出自己宝贵的生命，她的从容和淡定，展示了她的高尚和崇高。这种精神也是打倒国民党反动派的重要武器和力量。长在新时代的我们一定要继承这种精神，努力学习，锤炼品格，让自己拥有高尚的人格和不屈的灵魂。不同的时代有不同的英雄，但是英雄的精神总是相似的，那就是有信仰、有担当，坚忍不拔、顽强不屈。只有敢于直面人生的苦难，才能使自己立于不败之地，收获新生。

人与自我篇
——生命的自立

一、成事者当自力

十四年，历时不可谓不长；十万八千里，路途不可谓不远；九九八十一难，过程不可谓不艰；三十五部，共计五千零四十八卷，成果不可谓不丰；“妙文回上国，东土永流传”①，功德不可谓不高。《西游记》中唐僧师徒可以称得上是成大事之人，是成功团队的典范。英国作家夏洛蒂·勃朗特的小说《简·爱》讲述一位从小变成孤儿的女子在各种磨难中不断追求自由与尊严，坚持自我，最终获得幸福的故事。女主人公简·爱可以称得上追求个性自由、敢成大事、能成大事的独立女性的楷模。

是什么支撑着唐僧师徒历经万难取回真经成此大事？是什么促使孙悟空、猪八戒、沙僧从妖到佛，完成了“五圣成真”的集体蜕变？在简·爱的个人成长中我们又能获得怎样的人生启示？让我们通过探寻《西游记》中师徒四人的取经之路，通过体会《简·爱》中主人公简·爱的个性精神去获取答案。

读思讲堂

板块任务：《西游记》所写师徒取经故事，虽说是神魔故事，却也充满了人情世故。本部分我们就从师徒四人的经历来看他们在取经过程中的自我成长和变化，在他们的取经经历中体会成功的真谛，感受生命的力量。

《西游记》：师徒四人“自度方有佛度”

《西游记》是一部浪漫主义的志怪小说，但是却也有着极为深远的现实意义。《西游记》中的取经团队由唐僧师徒四人及白龙马组成，他们出身不同、性格迥异，在取经过程中所表现出的思想意识、行为方式更是各不相同，都有着不可忽视的个体意识。虽然他们投身到取经事业的初衷各不相同，但他们在不断的碰撞、磨合中逐渐明确了各自在取经队伍中恰当的地位和作用，最终历经 14 年，

---

① 本书中《西游记》引文，引自吴承恩：《西游记》，北京：人民文学出版社，2010 年版。

克服九九八十一难后，都修成正果，实现了自己的生命价值。在完成取经事业的过程中，师徒四人各具特点，在团队中起着不同的作用，发挥所长，互相配合，最终成就了彼此。

(一)坚定信念，成功保障

唐僧无疑是《西游记》中取经团队的领导者，但是一提到唐僧，人们的第一印象就是“无能”。孙悟空可上天入地、呼风唤雨，有七十二般变化，一个筋斗十万八千里，铜头铁颈，刀枪不入。八戒次之，也有三十六般变化，水里功夫了得。沙僧最不济也能腾云驾雾，与妖怪打斗一番。唐僧除了念经也没有别的本领可以抵挡西行路上的妖魔鬼怪。小说中对唐僧的描写，如“魂飞魄散，跌下马来”(第十四回)，“泪落如雨”(第二十回)等也不少见。面对妖怪，唐僧更是无丝毫招架之力，或被一阵风掳走，或“似鹰拿燕雀、索绑绳缠”(第二十回)，以致有人戏说沙僧在《西游记》中说得最多的一句话就是：“大师兄，师父被妖怪抓走了。”

如此“无能”的唐僧是如何担起取经大任的呢？

首先，唐僧是“佛选之人”。

取经的故事是怎样开始的呢？这要从如来对四大部洲的评判说起。如来认为四大部洲善恶不一，尤其是大唐国所在的南赡部洲——“贪淫乐祸，多杀多争，正所谓口舌凶场，是非恶海”。(第八回)故而需要取经人到如来处取得《法》《论》《经》三藏真经，以劝人为善。作为如来的二徒弟金蝉子转世的唐玄奘成为不二人选。

其次，唐僧有明确的目标。

唐僧自小为僧，有着虔诚的信仰，受唐王重任，更是立下“定要捐躯努力，直至西天。如不到西天，不得真经，即死也不敢回国，永堕沉沦地狱”(第十二回)的誓言。可以说唐僧取经是抱着为君、为国、为民的思想去的，唐僧从开始取经事业的初衷上就具有崇高性。

再次，唐僧有坚定的信念。

师徒四人中，最数唐僧面对诱惑不为所动，面对威胁心比金坚。唐僧西行的过程中所遇到的困难大体可分为两种：被吃和被迫成亲。这也使得唐僧经常处于美色名利的诱惑和死亡恐惧的威胁中，唐僧经受住了各种考验。我们举几个比较典型的事例。在小说第二十三回中，黎山老母幻化的莫老太以万贯家资、千顷良田、娇媚女儿试禅心，唐僧不为所动，而且训斥八戒：“孽畜！我们是个出家人，岂以富贵动心，美色留意”；西梁女国国主以一国之富，让唐僧南面而孤，而事实却是“那女主喜孜孜欲配夫妻，这长老忧惶惶只思拜佛”；在被蝎子精摄入洞内时，任那妖精千娇百媚，唐僧全不动念，只想着徒弟“千万救我取经去”。

面对美色名利，唐僧不为所动，在面对妖怪的暴力强权时，唐僧虽难逃被抓、被捆，也难免会心生胆怯、战战兢兢，但其内心却从未生出退缩的念头，只是一心向佛。在《西游记》第四十九回中，唐僧被沉通天河底，关在石匣里，挫得牙响，哏一声道：“前遇黑河身有难，今逢冰解命归泉。不知徒弟能来否，可得真经返故园?”可见，唐僧叹己身遭难，担心的不是自己的生死，而是期盼徒弟来救他以保取经顺利。

唐僧外在的懦弱和其内心的强大形成强烈的反差，也正是因为内心的信仰使他能克服自身的弱点，拥有强大的精神感召力，成为整个取经队伍的领导者。

就像《西游记》中经常提到的“单丝不线，孤掌难鸣”，取经大业的成功仅靠唐僧一人是不可能取得的，孙悟空、猪八戒、沙僧以及白龙马兄弟之间的执着已转化为取经团队一种相互激励、相互扶持的力量。

可以说，唐僧师徒来自五湖四海，为了一个共同的取经目标走到了一起。不同于唐僧的使命在肩，孙悟空几人主要是受菩萨点化，抱着为己赎罪的目的而来：孙悟空大闹天宫被如来压在五行山下，渴望自由，希望能有将功赎过的机会；猪八戒是掌管天河的天蓬元帅，却因酒后失德调戏了嫦娥被贬，心里也想着能有机会重返天庭；沙僧本是卷帘大将，却因失手打碎琉璃盏被贬流沙河为妖，还要每七日受飞剑穿肋之苦，急切渴望能脱离苦境；白龙马因烧了殿上明珠被父亲告了忤逆，面临被处死的境地。他们都需要一个机会改变现状，重获新生，而观音菩萨的点化——保护唐僧西天取经就能修得正果给了他们机会，可以说对新生的渴望是他们历经万难西天取经的内驱力。

从取经目的分析，也许这几个徒弟的取经意志远不及唐僧坚定，小说中也不止一次写到兄弟几个说散伙分行李的情节，但是当取经团队中出现退悔、散伙、相互指责等负面情绪时，总会有一个人站出来，以那种执着精神的星星之火点亮西行之路。在第三十回中，孙悟空因三打白骨精被师父驱逐，不想师父遇到黄袍怪被变为老虎，沙僧也被妖怪所困，八戒又降妖败下阵来。在这样的危急时刻，白龙马为保取经大业，化作宫娥勇斗黄袍怪，却被那黄袍怪所伤。取经大业陷入一筹莫展的困境，在八戒说要散伙的时候，白龙马含泪劝说八戒去请大师兄，最终解救了师父，团结了取经队伍，挽救了取经大业。

沙僧虽言语不多，关键时刻也以其执着精神维护了团队的稳定。在小说第四十回中，唐僧因不听孙悟空劝告而被红孩儿摄去，孙悟空一怒之下提出散伙，猪八戒也随声附和。在这样的情况下，沙僧适时说出：“今日到此，一旦俱休，说出这等各寻头路的话来，可不违了菩萨的善果，坏了自己的德行，惹人耻笑，说我们有始无终也!”这一句话，让大家找回初心，孙悟空“回嗔作喜道：‘兄弟们，还要来结同心，收拾了行李、马匹，上山找寻怪物，搭救师父去。’”（第四十回）从而取经大业得以继续。

取经之路历时长、过程艰，正是因为唐僧有着坚定笃行的信念，才保障了取经目标和方向的正确性，也正是因为孙悟空兄弟几人的不离不弃、互相扶持，才让唐僧一次次化险为夷。唐僧师徒取经的故事告诉我们：路途再漫长，过程再曲折，只要坚定信念，终会修成正果。

(二)取经之路，心的修行

“孤木不成林”，一个团队需要不断磨合、互相配合才能有所成。在西天取经这个漫长的过程中，师徒从最初的互不理解、互不信任发展到相互忍让、按捺个性、求同存异，实现了个人利益与集体利益的统一，建立起统一的奋斗目标，最终成就了师徒四人的取经大业。磨合中真正认识自我，相互的扶持是前行的动力。在取经的过程中，他们逐渐学会与磨难共处，学会在困境中互相扶持，也在这个过程中对自己的个人品格有了全新的锤炼。可以说，取经之路就是师徒心性的锤炼和修行之路。

在取经团队中孙悟空是最富个性的一个人物。作为唐僧的大徒弟，他本领高强，一路降妖除魔，可以说是团队最有力的保障。在他身上可以看到取经团队的逐渐形成与强大。

取经初期，孙悟空一言不合就与唐僧背道而驰。在《第十四回　心猿归正　六贼无踪》中，孙悟空在两界山棒杀六个剪径的强盗，遭到唐僧的指责，悟空按不住心头火发道：“你既是这等说我做不得和尚，上不得西天，不必恁般绪聒恶我，我回去便了!”不等唐僧做出反应，孙悟空使一个性子，将身一纵，说一声“老孙去也!”就不见了踪影。可见在取经初期，孙悟空是受不得半点委屈，做不得半点退让的，虽然在龙王“圯桥三进履”的劝说下他很快就回到了唐僧身边，却又在唐僧念《紧箍咒》的时候“心上还怀不善，把那针儿幌一幌，碗来粗细，望唐僧就欲下手”。这时候的孙悟空还没有真正投入到取经事业中，对待师父也只是屈从于对《紧箍咒》的恐惧。

“三打白骨精”是《西游记》中的经典故事，平时我们关注比较多的是在这个故事中体现出的唐僧与孙悟空之间的矛盾，其实关注细节，可以看到悟空对师父情感上的变化。唐僧肉眼凡胎没有识别出白骨精的伪装驱赶悟空时，悟空并没有像在两界山那样愤然离开，反而以取经之大业规劝唐僧：“你不要我做徒弟，只怕你西天路去不成。”在规劝无果之后又机智地说道：“老孙因大闹天宫，致下了伤身之难，被我佛压在两界山；幸观音菩萨与我受了戒行，幸师父救脱吾身；若不与你同上西天，显得我‘知恩不报非君子，万古千秋作骂名’。”(第二十七回)他以报恩为由，用师徒之情引发唐僧的善心，最终使得师父同意自己留下。之后他服侍唐僧上马、摘桃奉上，这些都可以看出悟空对师父的孝敬与扶持。在二打白骨精又被驱逐时，八戒谗言悟空要分行李，悟空进一步表明心志：“老孙一向秉教沙门，更无一毫嫉妒之意，贪恋之心”，并巧妙以“金箍儿”勒在头上，回去难见故人为由，请求师父念一个《松箍儿咒》，唐僧没奈何只能再饶过这一回。唐僧总不过是肉眼凡胎，受妖精蒙蔽，又受八戒挑唆，最终还是狠心第三次驱赶悟空，悟空终于忍耐不住道：“常言道‘事不过三。’我若不去，真是个下流无耻之徒。”虽然如此，他却仍记挂取经大业，说道：“我去！我去！——去便罢了，只是你手下无人。”没想到师父却说“只你是人，那悟能、悟净，就不是人?”的伤情之语，并写下贬书，悟空无奈，只能“噙泪叩头辞长老，含悲留意嘱沙僧”，纵筋斗云在半空中看到东洋大海，不禁想起唐僧，止不住腮边泪坠。这是《西游记》中第一次写到悟空的眼泪，那个大闹天宫、勇斗天兵天将的齐天大圣，被如来压在五行山下五百年也不曾掉下眼泪，这次却因想起唐僧而泪坠腮边，这泪有对半途而废的取经事业的惋惜，有对师徒之情的伤感，有对师父取经前路漫漫的担忧……正如悟空自己所言“我老孙身回水帘洞，心逐取经僧”(第三十一回)。

说到“三打白骨精”，不得不说的还有猪八戒在其中起到的作用。“一打白骨精”后猪八戒唆嘴说那女子罐子里的食物变作长尾巴蛆虫、癞蛤蟆是悟空使的障眼法，导致悟空被念《紧箍咒》并遭到驱逐；“二打白骨精”后，八戒又说悟空舍不得走是要分行李；“三打白骨精”后，一堆白骨在眼前，脊梁上写着“白骨夫人”，不由得唐僧不信，这时候，八戒又在旁边唆嘴说：“他的手重棍凶，把人打死，只怕你念那话儿，故意变化这个模样，掩你的眼目哩!”让那唐僧又念起《紧箍咒》，最终赶走了孙悟空。从整个事件过程来看，猪八戒一直站在孙悟空的对立面，恨不得逐之而后快。八戒的做法也许是因为他是悟空口中的“呆子”“夯货”，看不清形势，只是为了逞口舌之快；也许是想取代孙悟空感受一下做大师兄的风光。无论怎样，这充分体现出团队内部的各自为政，也正是因为这样的不团结，造成取经团队身陷险境——唐僧在接下来的路途中被黄袍怪变成老虎，沙僧被捉进妖洞，生死未卜。

但也正是经历了这样的波折，才促进了团队之间的深入了解，最终消除矛盾、弥合隔阂。当初悟空离去，八戒主动承担起开路化斋的任务，认为自己定能

“钻冰取火寻斋至，压雪求油化饭来”，却没想到走了十余里也不见一个人家，这时候才沉吟道：“当年行者在日，老和尚要的就有；今日轮到我身上，诚所谓‘当家才知柴米价，养子方晓父娘恩’。”（第二十八回）换位思考，猪八戒也终于体会到了大师兄的不易。他在宝象国卖弄自己的本事，称自己是第一会降妖的，兴奋地接受降妖任务，本以为会大获全胜，却在沙僧的帮助下依然败下阵来。在重重挫败之下，八戒终于认清了自己在团队中应有的位置，在白龙马的劝说下认识到自己的错误，到花果山请回大师兄，最终兄弟三人齐心协力“智降妖怪”。

悟空的去而复回体现了他在取经团队中不可替代的大师兄地位，但是整个取经团队真正走向和谐团结是在“六耳猕猴”事件之后。

唐僧与孙悟空之间存在着基本理念的不同：孙悟空保护唐僧一路西天拜佛求经，一心指望归真正果，洗业除邪，一路上斩妖除盗，杀伐果断；唐僧一心要秉善为僧，绝不轻伤性命。在《第五十六回　神狂诛草寇　道昧放心猿》中，悟空又在途中打死两个强盗，师徒之间的矛盾激化。唐僧撮土焚香祷告：“冤有头，债有主，切莫告我取经人。”八戒也趁机撇清干系。悟空认为自己是为保师父西天取经才会杀人，内心充满委屈，却也说下“不论三界五司，十方诸宰，都与我情深面熟，随你那里去告”的狠话。“孙大圣有不睦之心，八戒、沙僧亦有嫉妒之意，师徒都面是背非。”也许是抱着挑衅的心理，孙悟空在唐僧一再告诫的情况下不仅打杀了杨老汉那当强盗的儿子，还把他的头割下来血淋淋地扔给了唐僧。杨老汉的儿子虽然是强盗，但因为杨老汉曾留宿了他们师徒，并在强盗想害他们师徒的时候救了他们，在唐僧的眼里，出家之人应该知恩图报，饶过其子，孙悟空的这一行为无疑挑战了唐僧的底线，悟空再一次被驱逐出取经的队伍。

孙悟空被驱逐后到观音菩萨那里哭诉自己遭遇，六耳猕猴趁此间隙变化成孙悟空的模样出现在唐僧面前，打晕唐僧，夺走了担子包袱，要自己组织一个取经团队。两个悟空一般的模样、一样的本领，任那南海观音念起《紧箍咒》，托塔天王拿出照妖镜也难以分辨，直闹到大雷音寺如来那里才分辨出六耳猕猴真身，最后被悟空一棒打死。

看本回标题——“二心搅乱大乾坤　一体难修真寂灭”，细细琢磨，颇有意味。“二心”可以指真假悟空两个心猿，也指此时的悟空并没有一心追随师父向佛求经。六耳猕猴就像是悟空的另一个自我，他不耐烦唐僧的喋喋不休，想要舍弃唐僧，自己去西方拜佛求经送上东土，万代传名。如来对灵山座下众佛菩萨说：“汝等俱是一心，且看二心竞斗而来。”有如此二心，必定一体难修。应该是如来借六耳猕猴点醒悟空，让他除掉自己的“二心”，一心向佛，保护唐僧西去。此次事件以后，如来对孙悟空做出了承诺“你自快去保护唐僧来此求经罢”，“好生保护他去，那时功成归极乐，汝亦坐莲台”。如来的这一承诺使孙悟空放下二心归为一体。同时，观音菩萨也对唐僧给出了指示：“你今须是收留悟空。一路上魔障未消，必得他保护你，才得到灵山，见佛取经。”(第五十八回)经历了“六耳猕猴事件”，在如来的帮助和观音的点化下，唐僧师徒才真正地认识了自我，也认识到彼此在取经事业中都是不可或缺的存在。经过这件事以后，悟空的心性也得到了提升，没有再干过滥杀无辜的事情，唐僧也再没念过那《紧箍咒》来惩罚悟空。师徒“剪断二心，锁鞑猿马，同心戮力，赶奔西天”。

取经的中后期，师徒间充满了怜惜的温情，在第七十七回，三魔传出谣言说唐僧被夹生吃了，悟空听说后“忽失声泪似泉涌”“心如刀搅，泪似水流”，以至于无心救八戒、沙僧，架起筋斗云回至城东山上，按落云头，放声大哭。有些时候，孙悟空甚至可以称得上是唐僧的心灵导师，给师父精神的支撑。在第七十四回，唐僧看前路山峰高耸，担心无路可行的时候，悟空说“自古道‘山高自有客行路，水深自有渡船人’”来安慰师父。在遇到妖怪险阻时，师徒间没有了互相的指责抱怨，更多的是互相配合，共同克敌：齐心协力打退牛魔王，斗智斗勇三调芭蕉扇；师父假意迎合勇探无底洞，徒弟里应外合智斗老鼠精；唐僧宴乐御花园佯做驸马，行者探寻毛颖山真擒玉兔。

值得一提的是，在取经的中后期，我们除了看到师徒四人的“除恶”，更多的是看到他们的“行善”。小说第四十七回，在车迟国陈家庄通天河，悟空、八戒救下要送去祭河中妖怪的童男童女，降妖后陈家庄老幼男女一齐来拜送；第六十三回，在祭赛国除掉九头虫，拯救一众受屈的和尚；第六十七回，为驼罗庄百姓除掉困扰三年的蟒蛇怪，满庄男女都来跪拜，各个酬谢；第六十八至七十一回，为朱紫国国王悬丝诊脉，降服妖怪赛太岁，救回金圣娘娘，使得举国君臣无一不感激称赞；第七十九回，在比丘国除去白鹿怪，拯救一国小儿性命。此外，凤仙郡劝善施霖，玉华州传授武艺，天竺国降玉兔救公主……师徒四人所到之处皆行善救民，造福一方百姓，受到万民拜谢。可以说，师徒四人取经的过程亦是修行的过程，他们用行动践行了佛法的真谛。

印度诗人泰戈尔说：“有时爱情不是因为看见了才相信，而是因为相信了才看见。”其实，不仅仅是爱情，所有事业都是如此，正因为师徒四人始终相信“路在脚下”，抱着坚定的取经信念，才能一路战胜邪魔鬼祟，克服重重困难取得真经；正因为师徒四人始终相信彼此，相互扶持，才一次次逃离险境，一步步走向成功；正因为相信真情，师徒四人才能心存善念，在每一个所经之处为人们排忧解难，造福一方百姓。取经的过程也是修行的过程，在这个过程中，我们可以看到生命中信念的光彩、协作的力量、善意的美好。

所谓“自度才有佛度”，虽然师徒四人都是因受到神佛的指点才走上取经之路，一路上也一直受到神佛的护佑和帮助，但正是因为他们经受住了磨砺和考验，在这个过程中完成了自我的修炼，才最终“五圣成真”。

读思旅伴

板块任务： 接下来我们阅读《简·爱》①。与充满浪漫主义奇幻想象的《西游记》不同，《简·爱》是一部带有强烈自传色彩的小说，以一个孤女的成长经历为线索，写了简·爱的成长和爱情故事，展现了一个平凡女孩儿不太平凡的成长历程。在这一板块中，同学们除了关注主人公简·爱不同阶段的成长变化之外，还要在人物行为举止和精彩对白中体会人物身上闪烁的个性精神。

《简·爱》：简·爱“自爱而后爱人”

“生命至脆也，吾身至小也，人世至艰也，宇宙至大也，区区的挣扎，明知是沧海的微沤，然而何必不自爱，又岂可不自爱呢。”（俞平伯语）这句话用在简·爱身上特别贴切。简·爱平凡而弱小，经历坎坷，但她却凭借着自尊自爱的强大精神力量，成就了自己的幸福。

(一)自爱是对独立人格的追求，是不依附、不屈服

简·爱自小失去双亲被寄养在里德舅舅家，舅舅在的时候还能受到比较好的对待，无奈舅舅过早去世，狠心的舅妈没有履行自己“好好把简·爱抚养成人”的诺言，反而虐待简·爱。幼小的简·爱不敢犯一点儿错，尽力把每件事做好，却依旧被说成淘气、讨厌、阴沉、鬼鬼祟祟。骄纵的表哥时不时用“耗子”“坏畜生”之类的言语无故侮辱简·爱，偏心的舅妈对这一切都假装看不到。简·爱并没有被当作亲人看待，在简·爱不堪表哥欺侮而还手时，使女都可以指责她：“多吓人的举动呀，爱小姐，居然打起一位有身份的年轻人，你恩人的儿子，你的小主人来了！”可见，没有金钱、美貌，也不会刻意去低声下气迎合里德舅妈的简·爱，在家里的地位连佣人都不如。对这一切，简·爱内心有着强烈的不满，可以说简·爱自幼就有对不平等待遇的强烈反感，她骨子里就有一股不服输的劲头。

---

① 本书引用《简·爱》内容，均引自[英]夏洛蒂·勃朗特著，吴钧燮译：《简·爱》，北京：人民文学出版社，2018年版。

逆来顺受并没有为简·爱赢来尊重，在表哥用书砸她来挑衅时，她没有退让，而是发疯似的和表哥对打，开始了她的反抗战争。这次的反抗给简·爱带来了红房子的禁闭，这个曾给舅舅停灵的红房子，让简·爱想到了灵魂，让她恐惧到几近崩溃而大病一场。从那以后，简·爱再也没有妥协过，不仅在每次约翰想教训她的时候用力还击，而且用"舅舅在天上看着"与舅妈针锋相对。

舅妈一家的不友好激发出幼小的简·爱强烈的反抗意识，也让她认识到依附于他人不能给自己带来任何的保障，只有依靠自己的力量才能争取来应得的，童年的生活给简·爱埋下了"自爱"的种子，她迫切想要改变自己的现状。

洛伍德学校的生活是简·爱独立生活的开始，在这里，她通过自己的努力，在学业上取得了第一的成绩。在这里，她认识了对她有深远影响的谭波尔小姐。谭波尔小姐善良、博学，她为吃不饱的孩子们准备美味的食物，为简·爱洗脱"说谎者"的罪名，跟孩子们谈论古老的民族和时代，谈论遥远的国家和大自然的奥秘。在洛伍德六年的读书和两年的教师经历中，简·爱从她的老师谭波尔小姐那里学到了某些品性和习惯——较为和谐的思想、较有节制的感情，行为变得安详、循规蹈矩。一直这样安静下去，她可能会变成洛伍德学校的第二个谭波尔小姐，然而这一切随着谭波尔小姐的结婚离开而变得不一样了。简·爱在失去谭波尔小姐这个依靠的同时又找回了自我——"现在我又恢复了自己固有的本性，开始感到原来的种种情绪又活跃了起来"。她不满足于自己的世界只局限于洛伍德，她对自己八年的生活感到厌倦，她在心底呐喊："我向往自由，我渴望自由。"简·爱不愿作为谭波尔小姐的影子而生活，她想找回自己本来的样子——去探索更广阔的世界。在洛伍德学校她学会了钢琴、绘画，学习了法语和各种粗细针线活儿，这一切是她自立自爱的资本。从学校学有所成的简·爱，已经"够文雅，看上去就像一位贵族小姐"。

童年的经历培养了简·爱自强的意识；洛伍德学校里的朋友海伦·彭斯让她坚定了信念，感受到爱的力量；谭波尔小姐的影响，让简·爱成为一位优雅、善良、独立、自尊的女性。虽然她不美丽，但是她坚韧独立的性格在那个时代女性中具有独特的魅力，她靠自己的能力通过登广告在桑菲尔德获得了家庭教师的工作，并计划着从自己一年 30 英镑的薪金里省下钱来，有朝一日可以租一个小房子办个学校。可以说，简·爱是有自己的职业理想的。在她赢得了桑菲尔德主人罗切斯特先生的真爱之后，在结婚前夕，简·爱拒绝了昂贵的珠宝首饰，拒绝罗切斯特把她打扮成天使而失去了自己原来的模样，她说："我就是我。"简·爱从来没有因为自己与罗切斯特先生在经济上的巨大悬殊而失去自己的人格和独立的能力。她坚持要在结婚后继续做阿黛尔的家庭教师，凭着这个来挣食宿和一年30英镑的薪水。“你什么也不用给我，除了你的敬重。”这是简·爱对即将成为自己丈夫的罗切斯特的要求，也是她在婚姻中对自己独立人格的追求，她不想成为罗切斯特的附属品。也正因如此，在她知道罗切斯特是有妇之夫的时候，毅然决然地选择了离开，即使这一选择让她万分痛苦。

离开桑菲尔德的简·爱遭遇到饥寒的折磨，最终在荒原庄得到了表兄圣约翰的收留。虽然表兄表姐都对自己非常友好，简·爱也不希望靠他人度日。为了能自食其力，她愿意当裁缝、做普通女工，甚至愿意当佣人和保姆。最终，她选择在一所乡村学校当老师，在那里，她文雅的才艺得不到展示，但是她还是欣然接受，因为那里可以给她提供一个独立自在的安身立命之所。由此可见，独立的人格是简·爱刻在骨子里的最重要的追求。

(二)自爱是对平等人格的追求，是自立、自尊

儿时的简·爱在反抗表哥欺辱后受到了众人的责难，她在内心呐喊：“不公平！——太不公平了!”那一刻，我们已经感受到对人格平等的追求在她幼小的心中迸发。而在简·爱对待爱情和婚姻的态度上，我们更可以看出她追求平等、自立、自尊的人格光辉。

在桑菲尔德，面对罗切斯特先生，初来乍到的简·爱并没有因为他是雇主而刻意迎合，她直言不讳地说：“先生，你有权对我发号施令，仅仅因为你比我年长，或者因为比我阅历丰富，——你究竟能不能说比我高明，还得看你怎样运用你的年岁和阅历。”这样直接诚恳的对话反而引起了罗切斯特的兴趣，二人展开了不拘礼节的真诚交流。简·爱独立的人格吸引着罗切斯特，罗切斯特的友好和真诚坦率的态度让简·爱感到亲切，这使得简·爱的生活变得充实而快乐。简·爱没有因为身份和地位的悬殊而压抑自己，她勇敢地爱上了自己的雇主。

即使面对所爱的人，简·爱也不会放弃对自己尊严的维护。面对罗切斯特的追求者——出身名门、多才多艺的英格拉姆小姐，简·爱也曾深深感受到自己的伶仃孤苦、相貌平平，但她并没有嫉妒，因为她认识到了英格拉姆小姐肤浅又自私，爱卖弄却毫无诚意，她不配得到罗切斯特的爱情，这就是简·爱的爱情观——精神的平等与充实。因为门第或政治的原因，罗切斯特的结婚对象很有可能是英格拉姆小姐，这使简·爱感到异常痛苦，她决定远远地离开，以下就是她对爱情的宣言：“你以为我会留下来，做一个对你来说无足轻重的人吗？你以为我是个机器人？——是一架没有感情的机器？……你以为，就因为我贫穷，低微，不美，矮小，我就既没有灵魂，也没有心吗？——你想错了！我跟你一样有灵魂，——也完全一样有一颗心！要是上帝曾赋予我一点美貌、大量财富的话，我也会让你难以离开我，就像我现在难以离开你一样。我现在不是凭习俗、常规，甚至也不是凭着血肉之躯跟你讲话，——这是我的心灵在跟你的心灵说话，就仿佛我们都已经离开了人世，两人一同站立在上帝的跟前，彼此平等，——就像我们本来就是的那样！”简·爱这段爱情独白激情澎湃，震撼人心，无论是否拥有美貌和财富，无论身份与地位，真正的爱情应该是摒弃一切外在物质的绝对平等。所以，当简·爱认为罗切斯特要与英格拉姆结婚的时候，即使她心中充满了痛苦不舍和无限依恋，她毅然选择离开——“我不是只鸟，也没有落进罗网。我是个自由自在的人，有我的独立意志，我现在就运用它决心要离开你。”这是简·爱追求平等自尊的最强音。

虽然渴望爱情，但当得知罗切斯特的妻子还活着的时候，简·爱拒绝做情妇，因为那违背了她追求平等人格的原则，她选择悄然离开，走上一条艰难的道路——饥饿、贫穷、无家可归。虽然她无亲无故，无人依靠，但越是这样，她越要自己在乎自己。虽然简·爱的外表矮小、柔弱，但她的内心却是坚定而顽强的。简·爱不愿违背良知，依附于他人去生活，即使是跟自己最爱的人，即使会拥有很多的财富。这是她自爱的方式。简·爱不愿顺从自己的情感去成为罗切斯特的妻子，从而让自己最爱的人背负不道德的骂名，哪怕这会让爱人难过痛苦。这是她爱人的方式。

最落魄时候的简·爱遇到了自己的表哥圣约翰，圣约翰欣赏简·爱隐忍、坚毅、勤奋的品质，选中她作为妻子跟随自己去印度传教，但是简·爱清醒地认识到，他们之间根本就没有爱情，“被一辈子和一个男人拴在一起，而他只把你当作一件有用的工具，这不奇怪吗？”简·爱绝不允许自己精神的自由被随意践踏，最终她听从了内心的召唤，回到了历经苦难的罗切斯特身边。

孟子曰：“人必自侮，然后人侮之。”一个人只有自爱才能真正关注自身的充实与成长，才会拥有个性的灵魂，从而赢得他人的尊重和爱慕；只有懂得自爱的人才会懂得如何去尊重他人，如何平等爱人。正因为如此，简·爱的形象才会“在英国文学妇女画廊中独树一帜”。（朱维之主编的《外国文学史》）

读思飞扬

板块任务：同学们，《西游记》和《简·爱》虽然一部是中国古代神魔小说，一部是带有自传色彩的外国小说，但其塑造的主要人物孙悟空和简·爱都是个性鲜明的文学形象，他们都追求自由，有着强烈的反抗意识，最终都实现了自己的生命价值。二者成就自我生命价值过程中的不同选择，值得我们去思考。他们在选择中所体现出的人性光彩，给我们带来什么不同的生命启示呢？

成长之路

——悟空和简·爱的出走与回归

(一)探究方法建议

1. 勾画并摘抄原文中与孙悟空和简·爱出走、回归相关的主要内容。

2. 分析孙悟空和简·爱出走与回归的原因。

3. 体会出走与回归对人物成长的独特意义。

(二)探究过程

1."出走"的内涵阐释

出走，字面意思是指受外在环境所逼被迫离开家庭或当地。在文学作品中，出走可以指一种生存方式的选择，它可以是一种行为姿态，亦可以是一种精神取向；既可以是空间性的，也可以是文化性的。出走这一行为，作为人类生存的一种基本状态和精神欲求，它并不是背井离乡这一浅层的意义，更包括个体在精神上对原有文化和文明的反叛、逃离、重新审视与重新建构。

2.《西游记》中孙悟空的出走与回归

从孙悟空的出世来看，他就是一个不平凡的存在：仙石之内，日精月华孕育仙胎，一日迸裂，化作石猴，眼运金光，射冲斗府，惊动凌霄宝殿。他生性争强好胜，勇跳水帘洞被拜为王，自称"美猴王"。在度过了三五百年的自由自在的日子后，孙悟空感受到了死亡的恐惧，见多识广的通背猿猴告诉他，只有佛、仙与神圣三者可以躲过轮回，不生不灭，与天地山川齐寿。这是孙悟空对佛与道的初步认识，也促使了他的第一次出走——云游海角，远涉天涯，学不老长生之术。这次出走不为其他，只求为己寻求长生不老之法，躲过阎君之难。

要说孙悟空也颇有些执着的功夫，从东胜神洲傲来国，渡两重大海，经南赡部洲，历时十数个年头，才至西牛贺洲地界寻到菩提祖师，虔诚求道。在这里，他拥有了自己的名字——孙悟空；在这里，他学到了非凡的本领——七十二般变化和筋斗云。靠着一身本事，孙悟空大闹东海，取得了得力武器金箍棒；大闹幽冥界，勾销了生死簿；打出御马监，辞去弼马温；竖起旌旗杆，自立"齐天大圣"。大闹天宫，仙桃仙丹吃了个够，还在太上老君的八卦炉里练就了火眼金睛。可以说，这时候的孙悟空无所畏惧，十万天兵天将也拿他无可奈何。即使在如来面前，他依然难掩自己的狂傲之气，说“皇帝轮流做，明年到我家”，一心要取代玉帝的位置。此时的孙悟空就像是一个血气方刚的青年，一味想通过武力征服的方式去达成自己的目的，最终他却离自己的追求越来越远。第一次的出走，让孙悟空得到了很多本领，却最终因自己的肆意张狂失去了自由——被如来压在五行山下。

被压五行山下的五百年，有监押的天神看管，渴饮铜汁，饥食铁丸，不能展挣，可见其苦楚。他恳求观音菩萨救他出来，说：“我已知悔了。但愿大慈悲指条门路，情愿修行。”这时候的悟空感受到自由的可贵，开始思考自己的出路。在唐僧出现的时候，孙悟空的期盼之情溢于言表：“昼夜提心，晨昏吊胆，只等师父来救我脱身。我愿保你取经，与你做个徒弟。”这时的孙悟空虽然有了更明确的目标，但终究是为了自救才加入取经队伍，受不得半点委屈，因此打死强盗被唐僧絮叨几句后即愤然出走。孙悟空这次离开是真的想回花果山享受自由的，途经东海，老龙王用“圯桥三进履”的故事点醒了悟空，“你若不保唐僧，不尽勤劳，不受教诲，到底是个妖仙，休想得成正果”。悟空沉吟半晌还是决定继续西行。第二次出走是孙悟空的主动选择，他本欲脱离唐僧的絮叨，追寻自由，却在回归后戴上了金箍，失去自由。

悟空的第三次和第四次出走都是被动的。在三打白骨精时，唐僧肉眼凡胎识不得妖怪，责怪悟空杀人行凶，又加上猪八戒的挑唆，终于遭到唐僧的驱逐。这时候的悟空不忍离去，“身回水帘洞，心逐取经僧”。这次的出走体现出取经团队内部的不团结，悟空的离开导致取经大业陷入困境，唐僧被黄袍怪变成老虎，沙僧被俘，白龙马受伤。无奈，猪八戒请回孙悟空，悟空的回归明确了他在团队中的重要作用，加强了取经队伍内部的团结。第四次出走与第三次类似，悟空因为打死了强盗而被驱逐，却被六耳猕猴趁机夺了行李想取代唐僧西天取经，修得正果。这一次出走，体现了悟空内心的矛盾，一方面想要修得正果，一方面又不耐烦唐僧的喋喋不休。六耳猕猴就像是悟空的二心，在如来的指引下，二心被灭，师徒也坚定了对彼此的信任。从此以后，师徒协力，破除万难，终成正果。

悟空的每一次主动出走都是为了谋求：谋求过人的本领，却因此而被压五行山下；谋求逃离唐僧的束缚，却因此被戴上金箍而失去自由。而两次被动的出走都反映出取经团队内部的问题，体现出在一个团队里只谋求个人的得失是不可能修得正果的。

可以说孙悟空最初的向往就是天庭，一味为了自己的功利之心去追求，最终只能是一场空。在菩萨的点化和帮助下，他走上了一心护送唐僧西天取经的道路，西行的路也是个人修行的路。之前，孙悟空一心想要度己，却被五行山压制，被《紧箍咒》约束；之后，他一心想要度人，在历经磨难、拯救苍生之后反而成了“佛”，也成功地度了自己。孙悟空的几次出走与回归，也是其心性逐渐成熟的过程。

3.《简·爱》中简·爱的出走与回归

小说中主人公简·爱的人生经历很明显分为五个阶段：盖茨黑德府—洛伍德学校—桑菲尔德—荒原庄—芬丁庄园，包含四次出走和最后的回归。是什么让简·爱走出如此曲折的人生路线？是什么让她毅然四次出走最终回归芬丁呢？

盖茨黑德府对简·爱来说是充满敌意的，那是失去双亲的她无法左右命运的无奈选择。简·爱在那里的生活是混乱而不协调的，里德舅妈和表兄妹不愿意把她当家人对待，因为她既不漂亮也不讨喜，而简·爱也不愿一味讨好迎合。童年阶段的简·爱内心压抑而充满仇恨和反抗的力量，在被关在红房子里的时候，她想到了用出走甚至饿死自己的方式来逃脱难以忍受的迫害。这样的童年生活，让简·爱变得敏感而自尊，她强烈地追求平等与自由，所以在听说要被送到洛伍德学校去的时候，简·爱还是充满了对新生活的憧憬和渴望的。可以说从盖茨黑德的出走虽是里德夫人的安排，却也是简·爱内心的主动选择，是她拒绝被束缚、追求自由独立的第一步。

但是洛伍德学校前期的生活并没有简·爱想象中那样美好。首先是里德舅妈在勃洛克赫斯特先生面前诽谤简·爱的种种劣习，在简·爱未来道路上播下了厌恶和冷遇的种子；其次，勃洛克赫斯特伪善而冷酷，洛伍德学校在他的治理下条件极为恶劣。但是简·爱依旧靠自己的努力获得了第一的成绩，证明了自己。在这里，她从好友彭斯的身上学习到了宽容和博爱，从老师谭波尔小姐那里学习到广博的知识，感受到了家庭的温暖，养成了克己安分的性格。伤寒疫情的发生和学生的大量死亡使学校的恶劣条件被曝光，整改后的洛伍德学校成为真正的慈善学校，简·爱也在六年的学习后在这里当了教师。相较于盖茨黑德府的生活，在洛伍德的生活是平静而和谐的，这样的生活让从小就失去家人关爱的简·爱感到幸福和满足，也在无形中让简·爱失去了自己的本性。这一切的平衡在谭波尔小姐结婚离开的那一刻被打破，随着谭波尔小姐的离开，简·爱的精神支柱被抽离，失去了依附的简·爱内心不安分的本性被激发，她开始主动去思考自己的人生追求，迫切要改变现状去探索更广阔的天地。从洛伍德的出走是简·爱自觉意识的体现，她拒绝成为谭波尔小姐影子一般的存在，在洛伍德的学识积累让她更有自信，有了主动选择的资本。

对简·爱来说，在桑菲尔德度过的时光是最快乐的。在这里，她获得了一份家庭教师的工作，这是她凭着自己的能力登广告获取的第一份工作，是她真正独立生活的开始，对她有着不同寻常的意义；在这里，她受到尊重，管家费尔法克斯太太对她很好，学生阿黛尔也很亲近她。顺遂的生活并没有让简·爱满足，她渴望目力所及之外的更繁华的世界、更鲜活生动的人生。简·爱性格里的不安分因素在蛊惑着她，罗切斯特先生的出现把她带进了一个全新的世界。罗切斯特丰富的经历和学识，充满热情又不拘礼节的性格，严峻却不是太漂亮的外表都深深吸引着简·爱。童年的经历让简·爱渴望真挚的爱情，同时童年经历也让她认识到财富和地位的巨大影响力，这让她在享受爱情的同时也遭受着矛盾和痛苦。她矮小、贫穷但又希求得到平等的爱，所以当富家小姐英格拉姆要与罗切斯特谈婚论嫁时，她会因痛苦而压抑，会愤愤不平地对罗切斯特说："要是上帝曾赋予我一点美貌、大量财富的话，我也会让你难以离开我，就像我现在难以离开你一样。"同时，她自尊而又自卑，所以在结婚之前罗切斯特为她买衣服首饰，她会感到屈辱，会觉得罗切斯特的笑容像是"对一个他刚慷慨赠以金银财宝的奴隶所赐的笑容一样"。她会想："哪怕我有很少的一点点独立财产，那也会好得多。"她会要求保留自己家庭教师的职位来获取自己的劳动报酬。财富、地位的悬殊造成了简·爱爱情的不稳定，这份爱情是她渴望的，却也让她感到不安。所以在罗切斯特的疯妻伯莎出现时，简·爱只能坚决地选择离开。要知道做出这样的决定对简·爱来说是多么艰难啊！简·爱像掉进了泥潭，在良知和爱情的两难中挣扎，在理智和情感中煎熬。"要是这会儿我能就此结束生命，那该多好。那样我就不必生生地挣断我的心弦，以便让它和罗切斯特先生的心弦分开。看样子我非得离开他。可我又不愿离开他，——不舍得离开他。"从这样的内心独白中，我们感受到简·爱深深的痛苦与不舍，她深爱着罗切斯特先生，她也对罗切斯特年轻时受到父兄的欺骗而娶了疯女人的悲惨经历深表同情；但是面对罗切斯特的苦苦哀求，面对罗切斯特的着急与愤怒，面对罗切斯特要带她去法国南部隐居的提议，她依然坚守着自己独立的人格，不愿成为罗切斯特的情妇。从桑菲尔德的出走是简·爱深思熟虑的选择，也是拒绝成为附庸、追求独立平等人格的最突出的表现。

从桑菲尔德出走后在荒原庄的经历使简·爱的人物性格更加充盈和完善。首先，在这里她得到了一笔遗产，这让她一直追求的自立有了坚实的经济基础；其次，她在这里找到了她的亲戚圣约翰兄妹，她拿出四分之三的遗产分给自己的表兄妹，使她实现了梦寐以求的家庭生活的享受，有了情感的寄托；再次，在这里她拒绝了表哥圣约翰的求婚，更加深了对爱情的理解——爱情是建立在彼此尊重、平等的基础上的，而不是沦为对方的工具，这使她更明确自己内心所爱。简·爱从荒原庄出走回归到罗切斯特身边的时候，她已经是一个历经磨难、性格成熟的独立女性。

简·爱的出走总是伴随着拒绝：拒绝成长的樊笼，拒绝成为别人的影子，拒绝不平等的爱情，拒绝虚伪的爱情。在这些拒绝中我们可以看到简·爱每个成长阶段的人生思考和抉择，可以体会到她内心情感的挣扎与变化，可以感受到她对独立、自尊人格的强烈追求。简·爱在拒绝中收获成长，等到回归的那一刻收获幸福。

读思墨涌

板块任务：同学们，阅读完《西游记》和《简·爱》两本书，请从“心性的磨炼与修行”角度，选取你印象最为深刻的人物和事件，探讨当代青年应该如何实现自我的生命价值，提升自我的生命境界。

学生作品展示

三教合一话修行

仲轩宸

《西游记》写的是唐僧师徒去往西天取经的故事，故事本身是在佛教的背景下展开的，但整本书中又大量充斥着道教文化色彩，所以有人说《西游记》的作者就是要“扬道抑佛”。在我看来这只是狭隘的理解，通过深入阅读这本巨著，你会发现，作者真正想表达的是万物和融的社会关系，整本书融合了佛教、道教、儒教的思想，真正实现了三教合一。而这三教的合一，也是佛教众生平等、和谐相处世界观的体现。

孙悟空的修行其实是始于道教的，启蒙老师是道家的菩提老祖，是隐居深山、清静无为、见素抱朴的修行。孙悟空的第二位师父唐僧是佛家弟子，而悟空本人性格刚正、不畏强权却又受儒家思想影响。他销生死簿、偷吃人参果，也是在追求道家成仙的目标，可见悟空本人就是三教融合的最好体现。儒为立本，道为入门，佛为极则，只有通过儒、道的修炼，才能最终成佛。

佛家要实现它的理想，首要就是修心，这从取经路上经历九九八十一难即可得见。佛门之人，一直主张普度众生，让众生能够脱离苦海。身为佛门中人，必须克己，去除“三毒”，即“贪、嗔、痴”。去除“三毒”是克己的直接原因，简单来讲，“贪”是指对有益于我的东西的贪婪追求，得不到不甘心，得到后想要更多；“嗔”是指对世界的不公平生恨，只要不如意就要发脾气，产生愤怒之心；“痴”是指对自己产生贪念和嗔怒原因的无知。作为师父的唐僧，他的表率作用最强，严格要求三位弟子克己戒“毒”，在取经路上磨炼心智，最后修成正果，真正皈依佛门。

严守“戒”心，练就“戒”之恒心的过程是需要从点滴做起的。书中描写唐僧师徒四人在烈日下行至一地，口渴的唐僧让八戒去找点水解渴，八戒在抱怨难找水时看到一片瓜地，于是偷了一个西瓜给师父吃。被悟空识破后，换来师父的一阵责骂。“戒”，也是一个强行克制内心欲望的过程。开始时悟空浑身猴性、桀骜不驯、不服管教，因此观音菩萨让他戴上了金箍，以此来克制他。“戒”，还是一个点化行为样貌的过程。悟净在被收服时，样貌有了很大改变，从此不再有妖气，他随着外貌而改变了自己的行为。

“定”是指不仅要按照戒律来约束自己的行为，而且要从心理上约束自己的意志，也就是心灵上的改变。唐僧收了四位徒弟后，大家看似一心去往西天取经，但其实不是主动行为，人在被动状态下怎能顺利完成任务？这才有了第二十三回的《三藏不忘本　四圣试禅心》的故事。在本章回的最后一段有八句颂子云：“黎山老母不思凡，南海菩萨请下山。普贤文殊皆是客，化成美女在林间。圣僧有德还无俗，八戒无禅更有凡。从此静心须改过，若生怠慢路途难！”从此师徒四人才真正齐心走上取经路，从被动转变成主动。在《第六十五回　妖邪假设小雷音　四众皆遭大厄难》中，师徒四人的经书、袈裟、通关文牒等重要物品被偷，他们尽管已经逃出妖洞却不顾一切回去找经书、文牒，这体现了他们对佛的向往和真诚，这样的行为是发自内心的，是经过长期“戒”的磨炼后形成的思想。

“慧”是克己的最高境界，对世间已不再迷茫，看透了本质，领悟了佛法，获得了解脱，这也是修行的终点。书中第九十八回描写，师徒四人知道取了无字真经后，重新回到佛祖处讨要说法，佛祖说经不可轻传，亦不可空取，最后师徒四人奉上了唐王赠送的紫金钵盂，取回真经。在历经九九八十一难后，师徒四人才是见性明心参佛祖，功成行满即飞升。徒弟三人也懂得了取经的真谛，取经是一个修心的过程、一个去除“三毒”的过程、一个克己的过程。在一次次磨难中，慢慢消减欲望，把取经放在内心第一位，有了心灵上的改变、境界上的提高。

“克己”的过程实际上就是修行的过程。从第一层次约束外部行为的“戒”，到第二层次约束内心欲念的“定”，再到第三层次彻底消灭欲望的“慧”，依次上升，从克制自己的行为，克制自己的欲念，克制自己的意识，到最终获得幸福美满的人生。

整部《西游记》中虽然佛教色彩尤为浓重，在各章回中都体现得淋漓尽致，但是这篇巨著的伟大之处就是宗教的融合，书中佛、道、儒三教相互穿插互补，碰撞出不一样的火花，为我们呈现了一个个精彩的情节，内涵深厚，令人回味无穷，“三教”文化的融合也正是这本书的精妙所在，让《西游记》倍展光彩。

简·爱：心站着，我就不比任何人卑微

刘沐昀

简·爱，一个在19世纪被创作出来的人物形象。她命运坎坷，父母双亡，寄人篱下。尤其是疼爱她的舅舅去世后，她的舅妈对她非打即骂。

幼小的简·爱，就这样在舅妈家度过了几年时光。我想，你一定会说那段日子是灰暗的、不见天日的，但是简·爱从来没觉得自己比别人少什么：表兄妹不和我玩，那我就自己看书；你欺负我，那我就还手，哪怕打不过，我也要反抗。我，简·爱，看不上你们这些人的粗鲁，不管你是谁，你奈我何？

简·爱是站着的，虽然她很穷，力气也小，但她就站在那里，站在尖酸刻薄的里德太太面前，站在蛮横粗暴的表哥面前，站在嫉妒心比谁都强的表姐面前，任凭什么人、什么事，也不能让她跪下。她的骨子里，有着一种那个时代女性身上少有的硬气。

简·爱进了学校，勤奋刻苦，最终学有所成，弹琴画画，样样拿手，毕业后找了份家庭教师的工作。19世纪时，家庭教师是一份很让人瞧不起的工作，事实证明，虽然庄园里的大多数人都很好相处，但主人罗切斯特确实“不太好相处”。一开始他言语刻薄刁钻，处处试图为难简·爱。可简·爱根本不吃这一套，她不卑不亢，做好自己该做的，从不觉得自己只是家庭教师就该处处妥协，也不觉得自己“位卑”就低人一等。相反，她和罗切斯特谈天说地，倾诉辩论，无论何时都展现着一种独特的自信、从容。两人慢慢了解、相爱。事实证明，一个人如果自己都不能高看自己，那么就真的所有人都可以看低他；一个人如果自甘低贱，他就真的“低贱”了。

只有扬起的头，才能时刻看见天空；低着的头，看见的都是阴影。

简·爱能赢得罗切斯特的尊重，首先是因为她始终站着活，而不是跪着生。

爱情来得猝不及防，她简直幸福得像做梦一样。罗切斯特要把珍藏已久的珠宝送给简·爱：“我一定要亲手给你戴上，我要让所有人都承认，你是个美人，

我要让你穿上缎子和花边衣服，带上无价的面纱。”她说：“那我就不是简·爱了。”她拒绝了，什么也不要，她不是物质可以动摇的女子。她是她自己的主人。

物质收买不了她的灵魂，贵重的珠宝和漂亮衣服征服不了她的心，尽管她现在穿得朴素，但她的心，华丽又丰富。她不接受这份贵重的礼物和漂亮的衣服，就是因为她要保持这份独立的自由，她不会成为依靠他生活的女子，也不会成为他生活里的附属。

一个人凭什么和别人平等地站在一起呢？

如果凭借物质，简·爱贫穷；如果凭借美貌，简·爱平庸；如果凭借地位，简·爱低微。她站着的底气，从来不是物质，不是美貌，不是地位，而是她的灵魂，她的心。

到了后来，因为罗切斯特的欺骗，简·爱毅然选择离开，哪怕流落在外，饥寒交迫。

想起贝多芬的名言：“人啊，你当自助”，我们的前辈已经告诉了我们，自助者天助，一个人要想活得像个人样，首先就要把自己当一个人，那不是物质的傀儡，不是他人的附庸，不是钱财的奴隶，而是一个独立的个体。

19 世纪，女权革命开始的时候，反抗声最大的，不是男人，而是那些贵妇人。听起来很荒谬吧？这是因为，一旦像女权主义说的那样，女人和男人平等，女人也要出门工作赚钱，贵妇们的好日子就到头了。再者，就是在家做一辈子的家庭主妇。但是夏洛蒂·勃朗特不愿接受这种命运，她读书学习不是为了成为男人的附庸，不是为了结婚以后在家相夫教子，不是为了成为一个好看的花瓶，她要做自己命运的掌舵人。

她像简·爱一样，做过家庭教师，这份职业让她受尽屈辱，因此讨厌万分。她写作，20 岁时将自己的作品寄给一位浪漫主义诗人，得到的不是鼓励，是羞辱。她写作被骂伤风败俗，被说是离经叛道。夏洛蒂·勃朗特没有被那位知名诗人吓住，她要用自己拼来的一个可能，来回敬所有人的不可能。多年后，《简·爱》成为大流行，这就是她对所有人的回答。

实际上，在我们的生活里，有很多事情我们无能为力。但有一件事情，每个人都可以去做，那就是自己决定自己以什么样的心态去生活，自己决定是站着还是跪着。真正站着活的人，哪怕忍受着生活的苦难，也要保持自己做人的尊严。那不是你的行为永不屈服，而是你的灵魂始终站着。灵魂一旦倒下了，人就真的倒下了。

《简·爱》这本书，读过很多遍。一开始读，读到一个爱情故事。后来再读，读到人的自由和平等。简·爱的一生，可以说是为了自由而努力的一生。她不屈服于舅妈的控制，不屈服于表亲的压迫，不屈服于雇主的权威，后来有了爱情，又不屈服于物质和权势。

简·爱这个名字的英文是Jane Eyre，这个名字背后暗藏英语文化的隐喻：plain Jane，意思是外表平凡的女孩子，一个普通的女人；Jane Doe，意为任何一个没有名字的女人，一个无名氏。

Jane，她可以是任何一个女人，她是我们。

简·爱有不屈的灵魂、硬气的心，我们，都可以——只要我们的心，是站着的。

二、成人者当自励

生命，是文学作品永恒的主题。从某种程度上来说，古今中外的作家，不管用何种形式来展示或呈现作品，都是对于生命的体会和感悟。关于生命，有太多的名言警句。司马迁说：“人固有一死，或重于泰山，或轻于鸿毛。”裴多菲说：“生命诚可贵，爱情价更高。若为自由故，两者皆可抛。”汪国真说：“我不去想身后会不会袭来寒风冷雨，既然目标是地平线，留给世界的只能是背影。我不去想未来是平坦还是泥泞，只要热爱生命，一切，都在意料之中。”这些既有对蓬勃生命力的讴歌，也有对生命本身神圣属性的敬畏。也许，一个人生命的长度和宽度是有限的，但是通过阅读，我们可以把原有的生命长度拉得更长，把原有的生命宽度拓得更宽。阅读，可以让我们的生命更厚重、更坚实、更有分量。为生命而读，用阅读延展生命，不失为一种美好的体验。围绕着“生命”主题，让我们一起走进两本名著——《西游记》和《钢铁是怎样炼成的》，一起理解两个人物——孙悟空和保尔·柯察金。

读思讲堂

板块任务：什么样的生命是有意义的？这个问题的答案并不唯一。活出真我风采，展现个性特质，如同星空般璀璨，这样的人生有意义；本性善良淳朴，事事先人后己，如同阳光般温暖，这样的人生有意义；秉承自律自强，遇事绝不退缩，如苍松般挺拔，这样的人生有意义；心怀家国天下，坚守民族大义，如劲竹般挺立不屈，这样的人生有意义……不同的人生有不同的活法，正义的、坚守的、质朴的、淡泊的、纯真的、奋斗的……这些形容词，虽然表述不同，但都有一个共同的特点，都是积极向上的，都用自己的方式为这个世界增添了美好与和谐。在《西游记》一书中，孙悟空经历了怎样的生命蜕变呢？他是如何从一个顽皮的“猢狲”变成行者“悟空”，最后被封为“斗战胜佛”的呢？

《西游记》：孙悟空的开“悟”成人

《西游记》约成书于16世纪明朝中叶，它和比它先出现的《三国演义》《水浒传》以及后来的《儒林外史》《红楼梦》，都是我国明清时期最有代表性、最著名的长篇小说。《三国演义》《水浒传》《西游记》《红楼梦》更被称为中国古典小说的四大名著。它们的出现标志着中国古典小说艺术的光辉成就，成为中国人民乃至世界人民所熟悉和喜爱的古典文学作品。

《西游记》与那些由作家个人创作完成的小说不同，它是民众创作和作家创作相结合的成果，即其故事是经过长期的流传和许多人的记述或创作，最后由作家做总结性的再创作而后写定的。唐僧取经本是一个真实的历史事件。唐太宗贞观年间，僧人玄奘为了弄清佛教真义，决心到天竺取经。他经历了许多艰难困苦，前后花了17年时间，来往走了几万里路，终于取得了600多部梵文佛经回到长安。回国之后，他开始进行佛经的翻译工作，并口述西行见闻，由他的弟子写成了《大唐西域记》和《大唐大慈恩寺三藏法师传》。这两本书都有着神异的色彩，加之唐僧孤身西行终得真经而返本身就具有很强的传奇性，这样唐僧取经的故事越传越广，也越来越偏向神异的内容。至宋代，话本形式将取经故事引入文艺创作，故事的主角也转向猴行者。到了元代，已经出现了更为成熟的《西游记》话本小说，西游取经的故事更被搬上了舞台，元杂剧就有《唐三藏西天取经》和《西游记》。可以说，《西游记》是我国不同时期人民群众集体创作和作家个人创作相结合的成果，没有《西游记》的民间文学，就没有吴承恩的《西游记痴》。

《西游记》是我国古代第一部浪漫主义章回体长篇神魔小说，共有100回。全书主要描写了孙悟空出世及大闹天宫后，遇见了唐僧、猪八戒、沙僧和白龙马，西行取经，一路上历经艰险，降妖除魔，经历了九九八十一难，终于到达西天见到如来佛祖，最终五圣成真的故事。孙悟空无疑是书中的第一主角，也是《西游记》中读者最耳熟能详的角色。

孙悟空又名孙行者，被花果山众妖尊为“美猴王”，自封为“齐天大圣”。花果山山顶有一块仙石，因长期吸收天真地秀、日月精华，一日从中蹦出一只石猴。他发现了花果山上的水帘洞，被众猴尊奉为王，遂称“美猴王”。他被菩提祖师收为弟子，习得了高强本领，还闯到东海龙宫，强夺了“如意金箍棒”作为自己的兵器。之后他手持金箍棒，自封为“齐天大圣”，大闹天宫，将十万天兵天将打得落花流水。玉帝请来西天如来佛祖解救，如来施法将悟空压在了五行山下。五百年后，观音菩萨将悟空度入佛门，让去西天如来处取佛法真经的大唐高僧唐三藏将他救出。悟空从此成了唐僧的大徒弟。一路上，他和师弟猪八戒、沙僧护佑师父跋山涉水，降伏了白骨精、蜘蛛精、牛魔王等形形色色的妖魔鬼怪，历经了九九八十一难，终于成功取到了真经，修成了正果，孙悟空被如来封为“斗战胜佛”。如果要说孙悟空的特点，有太多现成词语可以来形容：机智勇敢、疾恶如仇、本领高强、积极乐观、敢于斗争、正义凛然……这里选取另外一个角度来分析孙悟空这个形象——猴性、人性、佛性。

(一)孙悟空的猴性

猴性是孙悟空的本性，他就是天生地长的一个石猴。《西游记》书中写道：“那座山正当顶上，有一块仙石。其石有三丈六尺五寸高，有二丈四尺围圆。三丈六尺五寸高，按周天三百六十五度；二丈四尺围圆，按政历二十四气。上有九窍八孔，按九宫八卦。四面更无树木遮阴，左右倒有芝兰相衬。盖自开辟以来，每受天真地秀，日精月华，感之既久，遂有灵通之意。内育仙胞，一日迸裂，产一石卵，似圆球样大。因见风，化作一个石猴。五官俱备，四肢皆全。便就学爬学走，拜了四方。目运两道金光，射冲斗府。”孙悟空的出世带有强烈的神异色彩，灵石化就，生来强大，惊动了灵霄宝殿上的玉皇大帝。玉帝让千里眼和顺风耳探看情况，后垂赐恩慈曰：“下方之物，乃天地精华所生，不足为异。”

“那猴在山中，却会行走跳跃，食草木，饮涧泉，采山花，觅树果；与狼虫为伴，虎豹为群，獐鹿为友，猕猿为亲；夜宿石崖之下，朝游峰洞之中。真是‘山中无甲子，寒尽不知年’。一朝天气炎热，与群猴避暑，都在松阴之下顽耍。”后来，石猴寻到了好水的源头，发现了“花果山福地，水帘洞洞天”，觅得安身之处，众猴拜他为王，将“石”字隐去，称为“美猴王”。美猴王领着众猴朝游花果山，暮宿水帘洞，好不快乐！读到这里我们不禁感叹，这真是自由自在的好日子！如此一来故事岂不是没有波澜？

接下来，让孙悟空苦恼的事情出现了，此时的他虽然不归人王法律，不惧禽兽威严，但将来终会年老体衰，逃不过一个“死”字。这个苦恼实际上是孙悟空第一次对生命有所感悟，他感知到生命是珍贵的，是有限的，是无常的。也是在这种苦恼的驱使下，孙悟空开启了学艺之路，“漂洋过海，登界游方，有十数个年头”，才到得菩提祖师处。拜见师父，学习言语，讲经论道，练字焚香，扫地锄园，挑水运浆，一晃就是七年。这七年里，孙悟空渐渐磨砺自己的“猴性”，向“人性”的方向靠近。当菩提祖师想要正式传授技艺给孙悟空的时候，他却非常固执：“术门之道”不学，“流门之道”不学，“静门之道”不学，“动门之道”也不学，理由倒是很一致——以上门道都不能得长生。可见，孙悟空的心意从未改变，他学习技艺是为了解决“可得长生”的问题，即对生命的向往与敬畏。最终，菩提祖师传授七十二般变化、筋斗云。

从某种程度上来说，孙悟空自始至终没有脱离其本性，主要体现在他没有脱离动物的世界，并且还生动地展现了其作为动物的特质。在宝林寺时，见到他的僧官曾说他“真个生得丑陋：七高八低孤拐脸，两只黄眼睛，一个磕额头；獠牙往外生，就像属螃蟹的，肉在里面，骨在外面”。在黄风岭的老者家借宿时，老者也曾形容他的外貌像个实实在在的猴子。同时，尽管孙悟空学会了七十二变，但他依然保持着动物性，在与二郎神打斗时他曾变作小庙，以嘴作庙门，牙齿作门扇，舌头变成了菩萨，眼睛变作窗户，但尾巴却只能变作旗杆。孙悟空的动物性还表现在他的猴子本能方面，一是喜爱吃桃，书中对此有很多描写，比较经典的就是《第五回　乱蟠桃大圣偷丹　反天宫诸神捉怪》的文段：“只见那猴王脱了冠服，爬上大树，拣那熟透的大桃，摘了许多，就在树枝上自在受用。吃了一饱，却才跳下树来，簪冠着服，唤众等仪从回府。迟三二日，又去设法偷桃，尽他享用。”二是在听菩提祖师讲道时，孙悟空在旁边抓耳挠腮、眉开眼笑，并忍不住手舞足蹈起来，这些动作都将其猴子的本性表现得淋漓尽致。

(二)孙悟空的人性

孙悟空本来就不属于人间，他是一只吸收了天地灵气而生出的石猴；他也不属于天界，相对于天上出身正统的神仙，他只能算妖猴。这样的尴尬处境就决定了孙悟空不同于他人的生命历程。他很难成为平凡人，因为他身上本来就有着不同于凡人的特征——非同凡响的高超本领，可以逍遥游走于人间、天庭、冥界。他是那样率真，那样渴望着自由，渴望着个性极大程度地张扬。他要以他的生命张力去成就他生命的精彩，从而更加快活地活下去，随着自己心意地活下去，无忧无虑地活下去。但随着年龄的增长，他要进入更大的生活空间，处理更多的烦琐事务，他必须成为一个合格的社会人。孙悟空前期主要面临的就是一个人社会化的问题。

什么是社会化？《西方社会学理论》中曾指出：“社会化即通过个人和社会的相互作用，适应并吸收社会文化，从一个具有自然属性的人发展成为具有社会属性，为社会所接受的社会人的过程。”通读《西游记》前半部分，我们似乎可以看出，孙悟空的社会化更像是一个血气方刚的年轻人的奋斗过程。我们可以设计一个表格，把这一阶段关于孙悟空的主要事件一一梳理，你会发现，每一件事几乎都可以从正、反两个角度进行分析，一方面体现了这个时期孙悟空富有斗争和叛逆精神，意气风发；另一方面也体现出了学艺虽然磨炼了孙悟空的猴性，使他逐渐向人性转变，但这时候的人性主要表现在：爱表现，不负责，少分寸，眼界窄。

表　孙悟空取经前性格特点列表

相关情节	优点	缺点
变化耍子	突显真我	爱出风头
索要兵器	率真自然	强人所难
地府销簿	敢作敢为	目无纲纪
天河放马	我行我素	玩忽职守
搅乱盛会	任性而为	心怀不满
大闹天宫	挑战权威	桀骜不驯

由此我们看出孙悟空对社会规则的认识还较肤浅。他具有心高气傲的性格和高涨的斗志，这些又都是年轻人的特点。随着年龄的增长，青年人的雄心、野心蓬勃发展，胸怀满腔抱负与热情，他们积极尝试融入大千世界，一展年轻人的特有风采。然而，现实社会并不像童话那般美好，在温情脉脉的面纱下，社会自有它的严酷性和复杂性，青年人所拥有的激情和雄心或许很快就会受到打击。其实，从石猴出世，到大闹天宫，最后被压在五行山下，这一过程是孙悟空人格成长的青少年阶段。在这一阶段，孙悟空的行为基本上是受“本我”控制。弗洛伊德认为：“本我的唯一目标是追求快乐，他像一个暴躁的婴儿，非常贪婪而不开化，只对自己的需要感兴趣。”

在这个时期，孙悟空凭借自己的天赋异秉，一出世便称王，要过一种“不伏麒麟辖，不伏凤凰管，又不伏人间王位所约束，自由自在”的生活。他大闹地府，勾去生死簿中自己的姓名，希望可以获得长生；他大闹天宫，破坏天庭的建筑和秩序，甚至宣称：“皇帝轮流做，明年到我家。”但如果仅仅按照自己原始的生命本能来行事的话，必然会被社会秩序所不容，现实与本我的需求不可能完全一致，本我的需求不可能在现实面前完全得到满足。孙悟空试图满足本我需求也必然遭受挫折，他在大闹天宫后被压在五行山下五百年，失去了最向往并希望得到的自由，他的生命呈现出悲剧性。我们对孙悟空大闹天宫的态度是热情歌颂、大胆赞扬。然而，赞扬并不等于完全肯定。吴承恩非常睿智，他安排了孙悟空和如来佛祖斗法的故事情节，孙悟空最后被玩弄于股掌之中。五百年沧桑巨变，斗转星移，终于使孙悟空蜕变，由“猴”进化为“人”。成人者需有几番经历，成人者需遭受磨砺，在经历和磨砺中得以自立。

自从拜师唐僧之后，孙悟空“靠谱”很多，不再是那个天不怕地不怕的“猢狲”了，性格也发生了很大变化，从一个懵懂的莽撞“青年”向成熟的“中年人”过渡。不谙世事的美猴王渐渐懂得了处世之道，从幼稚走向了成熟。这时候生命本身在孙悟空那里彰显的人性体现为另一种形态：忠心不二、疾恶如仇、重情重义。

《第二十七回　尸魔三戏唐三藏　圣僧恨逐美猴王》中，唐僧被白骨精的几番变化和花言巧语蒙住了眼睛，一心认定孙悟空滥杀无辜，于是决心驱逐悟空。要是按照孙悟空的猴性特征，这哪里是被驱逐，简直是得到了解放。然而，这个时候的悟空体现出了忠心不二、重情重义的一面，“大圣跳起来，把身一抖，收上毫毛，却又分付沙僧道：‘贤弟，你是个好人，却只要留心防着八戒诂言诂语，途中更要仔细。倘一时有妖精拿住师父，你就说老孙是他大徒弟：西方毛怪，闻我的手段，不敢伤我师父。’唐僧道：‘我是个好和尚，不题你这歹人的名字。你回去罢。’那大圣见长老三番两复，不肯转意回心，没奈何才去”。他不舍得走，还试图获得师父的挽留，用言语表白自己的忠心。奈何唐僧心意已决，孙悟空只得离去。“你看他忍气别了师父，纵筋斗云，径回花果山水帘洞去了。独自个凄凄惨惨，忽闻得水声聒耳。大圣在那半空里看时，原来是东洋大海潮发的声响。一见了，又想起唐僧，止不住腮边泪坠，停云住步，良久方去。”由此，我们不难看出，孙悟空的心智成熟了许多，再没有“皇帝轮流做，明年到我家”的反叛了。想当初，只不过因为王母娘娘没有邀请他赴蟠桃盛会，他便气恼不已，捣乱盛会，以至于大闹天宫。而今，面对唐僧因肉眼凡胎之故使他备受冤枉，他却更多的是担心和留恋，泼皮猢狲向行者悟空迈进了一大步。

疾恶如仇的特点则体现得更加明显了，凡是对唐僧不利的妖魔鬼怪，孙悟空统统都要针锋相对，绝没有半点退让和妥协。保得唐僧平安、顺利完成西天取经任务，已经成为他刻入骨髓的使命。黑熊怪、黄风怪、白骨精、黄袍怪、金银角大王、全真怪、红孩儿、虎鹿羊三大仙、灵感大王、独角青牛、蝎子精、六耳猕猴、牛魔王、黄眉怪、赛太岁、多目怪、狮驼岭三大王、白鹿精、白鼠精、豹子精、九头元圣、犀牛精、玉兔精……西天取经之路上，觊觎唐僧的何止是一两个妖怪？面对这种种挑战，孙悟空也是拼尽全力，能自己降服的自己降服，实在不能的就想办法搬救兵解决，最终，总算化险为夷。有的人可能会有所误会，认为孙悟空大闹天宫时武力值爆表，怎么取经路上武艺“缩水”了？其实，能用妥善的方法解决问题，正是孙悟空成长的表现，不是所有问题的解决都只靠打打杀杀。孙悟空自己有过此番经验，所以取经路上的磨难他应对得更为恰切，这就说明：悟空悟了。

当然，猴性和人性的对立也是存在的，猴性也不是完全消失，有时还是会不安分地显露出来。这个时候就需要一件利器——《紧箍咒》登场。对孙悟空这个不听话的“孩子”加以引导是至关重要的，象征着母性的观音菩萨对孙悟空就进行了强制教育。第十四回中观音菩萨设巧计给孙悟空带上了金箍，标志着这种强制性教育的开始。既然是“强制”，就意味着孙悟空不再像以前那么自由了，必须在“社会规则”允许的范围内做事。当然，自由的丧失，哪怕是部分的丧失，也是一件非常痛苦的事，更何况是过惯了无拘无束生活的孙悟空。有痛苦就会有反抗，孙悟空正是在这种痛苦与反抗的过程中逐渐意识到“规则”的存在及其重要性，从而明白了哪些是自己能做的，哪些是自己必须做的，哪些是自己不能做的。观音菩萨的金箍是一种束缚，正如利于疾病的苦口良药一样，在带来痛苦的同时，也成就了孙悟空。

（三）孙悟空的佛性

一说到佛性，我们首先想到的是唐僧。但随着孙悟空的成长，他身上也出现了佛性的光辉，大概是因为师从唐僧，所以近朱者赤吧。佛性在孙悟空身上主要体现为：受难、怜苦。受难？是的，你没有听错，孙悟空有自觉自愿的受难行为。

《第三十九回　一粒丹砂天上得　三年故主世间生》中，乌鸡国国王与法术高超的道士结拜为兄弟，没想到道士心生歹念，将乌鸡国国王害死，尸身投入井中，道士自己变化为国王模样当起了一国之主。这道士本是文殊菩萨的坐骑青毛狮子，法术了得，最后虽然被孙悟空打败并揭露了罪行，但还有一个杀手锏——道士变化为唐僧的样子以假乱真。这下可难坏了悟空，到底哪一个才是师父，哪一个才是妖精？“这大圣赶上，就欲举棒来打，那怪道：‘徒弟莫打，是我！’急掣棒要打那个唐僧，却又道：‘徒弟莫打，是我！’一样两个唐僧，实难辨认。——‘倘若一棒打杀妖怪变的唐僧，这个也成了功果；假若一棒打杀我的真实师父，却怎么好！’……只得停手，叫八戒、沙僧问道：‘果然那一个是怪，那一个是我的师父？你指与我，我好打他。’八戒道：‘你在半空中相打相嚷，我瞥瞥眼就见两个师父，也不知谁真谁假。’”

就在这难解难分时刻，总算寻得了一个“妙计”——让师父念《紧箍咒》。虽然这个《紧箍咒》会让悟空痛苦不堪，但为了擒拿妖怪也顾不得了。“‘师父既不认得，何劳费力？你且忍些头疼，叫我师父念念那话儿，我与沙僧各搀一个听着。若不会念的，必是妖怪，有何难也？’行者道：‘兄弟，亏你也。正是，那话儿只有三人记得。原是我佛如来心苗上所发，传与观世音菩萨，菩萨又传与我师父，便再没人知道。——也罢，师父，念念。'真个那唐僧就念起来。那魔王怎么知得，口里胡哼乱哼。八戒道：'这哼的却是妖怪了！'"孙悟空这种主动受难的行为在之前几乎是不能想象的，那时的大圣是连一丝委屈也不肯受的。如今为了让妖精显形，大大地发扬了"我不下地狱，谁下地狱"的精神，甘心受难以擒妖。

再说怜苦。取经道路上大部分的劫难都是妖精所致，比如白骨精、蝎子精、黑熊精等，不是觊觎唐僧的袈裟，就是想与唐僧成亲，要不就是想吃唐僧肉以期长生不老。同时，取经过程中也有少数劫难本来与师徒四人没有直接关系，可以"事不关己，高高挂起"，但孙悟空很显然主动地"惹事"了，他从心里同情并怜惜人们的不幸遭遇，由于这个原因想要"摆平"妖精。比如祭赛国金光寺扫塔和朱紫国行医。

初到祭赛国，师徒四人发现在此国和尚"一个个披枷戴锁，沿门乞化，着实的蓝缕不堪"，唐僧生发"兔死狐悲，物伤其类"之感，让悟空去了解情况，得知这些和尚是金光寺受冤屈的僧人。金光寺塔上的舍利子佛宝丢失，国王认定是寺中和尚所为，"千般拷打，万样追求"，如寺中众僧所说："当时我这里有三辈和尚；前两辈已被拷打不过，死了；如今又捉我辈，问罪枷锁。"悟空听了心中悲切，先解救了那柱子上锁的小和尚，更和师父夜扫宝塔。终于，在扫塔过程中，探知了偷窃佛宝的元凶——碧波潭万圣公主及其夫婿九头蛇怪。经过一番打斗，孙悟空打败了妖精，夺回了舍利子佛宝，还了金光寺僧人清白。

在朱紫国的遭遇也类似，是孙悟空"善心"使然。朱紫国国王重病，张贴招医榜文，"不拘北往东来，中华外国，若有精医药者，请登宝殿，疗理朕躬。稍得病愈，愿将社稷平分，决不虚示"。孙悟空起初不了解实情，想戏弄八戒，"念声咒语，使个隐身法，轻轻的上前揭了榜。又朝着巽地上吸口仙气吹来，那阵旋风起处，他却回身，径到八戒站处，只见那呆子嘴拄着墙根，却似睡着了一般"。后来，两人拿了榜文，扮作医者模样，进宫为国王诊病，又是悬丝诊脉，又是制作乌金丹，又是备得无根之水为药引，最后，朱紫国国王"先吞了一丸，吃了一盏甘雨；再吞了一丸，又饮了一盏甘雨；三次，三丸俱吞了，三盏甘雨俱送下。不多时，腹中作响，如辘轳之声不绝，即取净桶，连行了三五次，服了些米饮，攲倒在龙床之上。有两个妃子，将净桶捡看，说不尽那秽污痰涎，内有糯米饭块一团。妃子近龙床前来报：'病根都行下来也！'国王闻此言甚喜，又进一次米饭。少顷，渐觉心胸宽泰，气血调和，就精神抖擞，脚力强健"。

朱紫国国王感激不尽，设宴款待师徒四人。席间，孙悟空主动问："昨日老孙看了陛下，已知是忧疑之疾，但不知忧惊何事？"朱紫国国王这才和盘托出，身病已除，心病未愈。原来是妖精赛太岁摄走了金圣娘娘，国王饱受相思之苦，难以名状。朱紫国国王甚至言明："若救得朕后，朕愿领三宫九嫔，出城为民，将一国江山，尽付神僧，让你为帝。"孙悟空当然志不在此，而是同情国王的遭遇，想为他解除忧患。孙悟空略施妙计，骗出赛太岁的宝贝，成功救出金圣娘娘，圆了朱紫国国王的团圆梦。

通过以上分析，我们可以看出孙悟空的佛性特点，他为了擒拿妖怪甘愿受《紧箍咒》之苦，怜惜金光寺被冤屈僧人的悲惨遭遇，同情朱紫国国王夫妻分离之痛。孙悟空用自己的一身本领解危救困，正符合修成正果后如来佛祖给他的封号——斗战胜佛。他有佛陀的心，有战斗的力。

读思旅伴

板块任务：同学们，接下来我们要开始共读《钢铁是怎样炼成的》。之前的内容，我们详细分析了孙悟空的"猴性""人性""佛性"，明确了孙悟空这个人物生命成长的全过程。其实，从孙悟空这个形象我们可以看出，生命的本身不仅仅是时间的长度，更多的是需要去经历、体验、感悟，最终成为一个无愧于岁月、无悔于人生、无憾于生命的人。提到"无悔人生""无憾生命"，我们不禁想到另外一部名著——奥斯特洛夫斯基创作的《钢铁是怎样炼成的》，想到这本书中的主角——保尔·柯察金。那么，保尔的生命历程又是如何演绎的呢？他"钢铁战士"的性格到底是怎样形成的呢？

《钢铁是怎样炼成的》：保尔的百"炼"成钢

提到《钢铁是怎样炼成的》，诺贝尔文学奖获得者莫言曾回忆道："这是我小学三年级时从老师那里偷来看的。很长一段时间里，人物和情节都在脑海里萦绕。读前还是少年，读后就觉得一只脚已经踏进了青春的大门。"莫言作为读者，在《钢铁是怎样炼成的》这本书的洗礼之下体验着自己内心的成长，本书的主人公保尔·柯察金的生命成长史也缓缓铺展开来。

保尔·柯察金在书中第一次出现是他 12 岁的时候。在食堂招工时，保尔母亲说出了他的年龄。而在小说结尾他的著作《暴风雨所诞生的》即将出版时，保尔也才 25 岁左右。在这个人生本应风华正茂的青春年华，保尔已全身瘫痪、双目失明，但令人惊讶的是，他的青春却被一代代青少年称作"生活的教科书"（肖洛霍夫语），保尔·柯察金也成为人人称颂的榜样，是众人心目中的英雄。没有人一出生就是英雄，也没有人一出生就具备顽强、执着、刻苦、奋进、勇敢、不为命运所折服的性格特征。钢是在烈火与骤冷中铸造而成，只有这样才能坚硬并且什么都不惧怕。可以说，保尔·柯察金是百炼成钢。

保尔在书中的经历依据时间和身份转变，大致可以分为四个阶段：第一阶段是少年保尔的生活与反抗；第二阶段是革命者保尔在战场上奋勇杀敌；第三阶段是建设者保尔的忘我工作；第四阶段是“钢铁战士”保尔与疾病顽强斗争。

第一阶段：少年保尔的生活与反抗

保尔的童年和少年时期在书中占了不小的篇幅，这一部分讲述了保尔走向革命道路的萌芽，他的诸多性格特征也在此时呈现在读者面前。

保尔一出场，我们就能确信他遭遇的是饱受屈辱的苦难生活。

12 岁那年，保尔去瓦西里神父家补考时，在谢廖沙的鼓动下往神父的复活节面团中撒烟灰，被神父咒骂推搡着赶出了学校。后来保尔来到食堂洗刷间做活，任劳任怨。干着最重的活计，却仍遭到堂倌普罗霍尔的挑衅和欺负，保尔被打得满身是伤。

可以说保尔的童年充满着折磨和压迫，但是当他受到他人的侮辱时却从不妥协，始终自尊自爱。面对神父的咒骂，他说“从不饶恕稍微侮辱过他的人”；在湖边钓鱼时，保尔面对哥哥上司的儿子苏哈里科的揶揄，机智面对，没有让对手占到任何便宜。

尽管，生活处处在找他的麻烦，保尔却始终勤劳上进。在食堂中“保尔干的活比谁都多，从来不知道疲乏”。保尔也在试图改变自己的处境和命运，勇于反抗并参与革命。他曾经抢别的孩子从游击队领的枪，甚至大胆地偷德国军官列辛斯基的手枪。保尔在街上看到朱赫来被士兵押解，可以冒着危险，用枪袭击士兵解救朱赫来；他还能够机智果断地通过一个巧妙的谎言从狱中死里逃生。此时，保尔是一个有些粗鲁莽撞却充满智慧和勇气的男孩形象。

更可贵的是，保尔在少年阶段已经有了懵懂的阶级意识。这体现在对佛罗霞等底层弱者的同情以及对普罗霍尔等堂倌、维克多等有钱人的仇视上。

总的来说，在人生的第一个阶段，少年保尔生活贫苦却从不妥协，自尊上进，虽带着少年的粗鲁莽撞却又机智果敢、爱憎分明。

第二阶段：革命者保尔在战场上奋勇杀敌

青年保尔选择参军，成为科托夫斯基骑兵旅的一个战士，在灾难和痛苦的磨砺中成长为意志坚定、坚持斗争的革命者。保尔在一年中经历了许多可怕的事情，一次是大腿受了伤，另一次是染上了伤寒，但他轻伤不下火线，坚持斗争。

后来，保尔主动要求转到王牌军队布琼尼骑兵第一军，在那里他有些不成熟地坚持己见，而这也是他勇敢无畏性格的流露。在之后的一场战役中，师长英勇牺牲，愤怒支配了保尔，他不顾一切地向波军驰驱，榴霰弹爆炸铁片钻进了他的脑袋，致使他身受重伤，这体现出了保尔不畏牺牲的精神。

除此之外，保尔还是一个热爱学习、积极乐观的青年，他喜欢读书，拿起《牛虻》就怎么也放不下，还为战友们读书，分享阅读感受，有着青年人的勃勃生机。甚至在他身受重伤期间，都能无比坚强地面对。其惊人的忍耐力和顽强的精神让所有医生都吃惊。受伤之后的保尔不仅没有消沉，反而问医生自己还能不能打枪，时刻想着回到前线。

如果说在保尔的少年时期，他只是怀着懵懂的阶级意识，那么到了第二阶段保尔的阶级意识愈发明晰起来，这体现在他对待冬妮亚的态度上。保尔与冬妮亚是亲密的玩伴和分享者，但是当保尔想吸引冬妮亚参加革命工作时，他却看到了打扮漂亮的资产阶级模样的冬妮亚。在那样的时代背景下，保尔一门心思地想要坚持纯粹的革命，因此他觉得冬妮亚的个人主义逐渐使自己难以容忍。

综上所述，在人生的第二阶段，革命者保尔展现出自己意志坚定、坚持斗争、不畏牺牲的精神，尽管他的行为中还有些青年人不成熟的举动，但是他却始终不停地学习充实自己，积极乐观地面对生活中的所有挑战，更为明晰的阶级意识让保尔明确了前进的方向，继续为自己的理想信念而奋斗。

第三阶段：建设者保尔的忘我工作

保尔因为健康原因不适宜再到前线战斗，随后他被分配到铁路工厂去担任共青团书记，重新投入到火热的建设工作中。在这个阶段，修筑铁路是最主要的情节，从中我们看到的是一个具有钢铁般意志的保尔·柯察金。

朱赫来为了让居民们顺利度过冬天，提出建一条全长七俄里的铁路以提供充足的取暖材料。这个要在一个半月内完成的工程连铁路管理局局长都十分怀疑，但是保尔和他的同伴们还是踏上了建设之路。我们先来看看修筑铁路时保尔和他的同伴们都遇到了哪些困难。

首先是时间紧，任务重。为了解决当时资源短缺的问题，他们想到了一个办法，“这就是在三个月之内，从博雅尔卡站筑一条窄轨铁路通往伐木场去。全长是七俄里，要在一个半月以内就修到伐木场的边上”。① 其次是环境恶劣。修路时正值秋雨季节，天气变成了一个巨大阻力。“像筛子筛过一般的细雨不停地下

① 本文引用《钢铁是怎样炼成的》，均出自[苏联]尼·奥斯特洛夫斯基著，梅益译：《钢铁是怎样炼成的》，北京：人民文学出版社，2017年版。

着，寒冷的雨点浸透了衣服。雨水冲坏了人们的劳动成果，泥浆像稠粥一样从路基上淌下来。”这种季节，这种环境，给建设者带来极大的困难。再次是供给不足。“早上大家在这里喝了茶，就到路基上去干活。午饭每天都是素扁豆汤，和一磅半像煤一样黑的面包。天天都是这些，真是单调得要命。但是城里只能供给这么多东西。”很多工人都是饿着肚子上阵。这也因此带来了第四个困难，即内部动摇。有的工人崩溃地大喊：“真见他妈的鬼了！我一天也不在这儿待了。罚人做苦工，是因为他们犯了罪。我们犯了什么罪？把我们关在这儿两个星期了——这已经够了。再也没有人愿意作傻子了。让那些做出决议的人自己来筑路好了。谁愿意到泥坑里去打滚就让他们去打滚吧。我只有一条命。我明天就走。”可见工人的身体和心理都饱受折磨。最后还有匪兵的威胁。“树林里响了一枪。一个骑马的匪兵迅速逃离板棚，钻进黑暗的树林里去。”“昨天匪徒又袭击了筑路工地。”奥尔利克匪帮的人在不停地制造混乱。

就是在这样的重重困难中，保尔拼尽全力，没日没夜地工作。他在天还未亮时就悄悄起床，不惊醒任何人，勉强移动着他那在凉地上冻麻了的脚，独自走到厨房里，烧开水之后才去叫醒同队的伙伴。暴风雪袭来时，瘦削憔悴、两眼通红的保尔疯狂地用一把大木锹铲雪。在这样的忘我工作中，保尔最终还是倒下了。

经过铁路建设的磨炼和死亡的考验，保尔·柯察金愈发稳重成熟起来，用他崇高的道德和理想信念感染着身边的人，并且同团内、党内的歪风邪气作斗争。面对屠弗塔不愿给他恢复团籍，保尔不再鲁莽行事，而是不慌不忙、有理有据地反驳并冷静地直指屠弗塔的形式主义恶习。面对弄坏工厂昂贵钻头的“菲金事件”，保尔发表了自己的意见，他认为“菲金事件只是一个信号”，反映出来的是目前团员的纪律松弛，他用数据说话，明确表明要同这种“不负责任”“不守纪律”的坏现象作斗争，并开除了菲金的共青团团籍。与此同时，保尔也打动了原本刚愎自用的团支书茨维塔耶夫，两人正式和解。此时的保尔稳重成熟，在组织内担任政治教育部部长，后来保尔申请入党。

在这个过程中，保尔还领悟到了生命的价值：“人最宝贵的是生命。生命每个人只有一次。人的一生应当这样度过：当回忆往事的时候，他不会因为虚度年华而悔恨，也不会因为碌碌无为而羞愧；在临死的时候，他能够说：‘我的整个生命和全部精力，都已献给了世界上最壮丽的事业——为人类的解放而斗争。’”

综上所述，此时的保尔已经成长为一个拥有钢铁意志、忘我工作的青年，他也在走向稳重成熟，在组织内担起重任，发光发热。而他对生命价值的体悟，让他更加勇敢坚定地用整个生命面对所有未知的苦难，彻底地献身于为人类的解放而斗争的事业当中。

第四阶段："钢铁战士"保尔与疾病顽强斗争

在这一阶段，保尔正式成为一名布尔什维克党员，同时担任共青团区委书记，周围的人对保尔充满了期待和信任。他对自己的要求也更高，始终严于律己，追求进步。超负荷的工作与读书，使他的身体逐渐衰弱。小说中，他不能悠闲地过日子，不能每天打着哈欠迎接清晨，也不能在晚上10点准时睡觉。他是吝啬睡眠时间的，时常可以看见他的窗户在深夜里还透着亮光。

不幸的是，他被诊断为中枢神经系统严重损伤。组织敦促他去耶夫帕托利亚疗养院疗养。经过了几天的疗养，他焦急地想重回工作岗位，却在回程途中遭遇车祸，医生断言："这个年轻人正面临着完全瘫痪的悲剧，我们没有法子防止它。"这个巨大的挫折没有打败保尔。做手术时，他还跟医生们开玩笑，在写给阿尔焦姆的信件中他说："我自己有着足够三个人的生命力。哥哥，我还要做很多工作呢!"做完手术的保尔来到麦纳克疗养院疗养，他的病况更严重了，但他却从不诉苦，生机勃勃，精力充沛。正如书中所说："死神的黑翅膀曾前后三次碰到过他，但是保尔的生命是顽强的"，他一次次地抗击着病魔的侵袭。

在这个过程中，保尔也曾经历过怀疑和绝望，曾经自问："他既然失去了最宝贵的东西——战斗的能力，为什么还要活着呢？在现在和在凄凉的将来，他将怎样才能证明自己生活得有价值呢？用什么来充实这生活呢？光是吃喝和呼吸吗？只作一个无用的旁观者，看着同志们在战斗中向前猛进吗？成为队伍的累赘吗？他应不应该毁掉这个背叛了他的肉体呢？朝心口打一枪——一切难题都解决了!"但是保尔最终没有自杀，他明白了："当一个人身体健康、充满活力的时候，坚强是一桩比较简单和容易的事；而只有在生活用铁环紧紧把你箍起来后，坚强才是光荣的事。"

他开始用写作重新回到战斗中。"保尔坚定地选择好了一条道路，他决心从这条道路回到新生活建设者的队伍中去。"从那天起，他就把全部心神贯注在创作上面。缓缓地，一行又一行地，写成了许多页。他全心全意地去刻画书中人物的形象，有时候那些生动的、难忘的景象还会清晰地浮现出来。当他认为写得不好的时候，就动手重写。有时他实在受不了格子板狭窄框框的束缚，就把它扔掉。这时他对那剥夺了他视力的磨难特别憎恨，他把铅笔一支又一支地弄断，把嘴唇咬得出血。书稿完成后，大受赞赏，即将出版时，保尔的心又怦怦地跳了起来。他日夜盼望的梦想终于实现了！此时，铁环已经被砸碎，他拿起新的武器回到战斗的队伍里，开始了新的生活。读至此，保尔自强不息、奋发向上的精神力量让人回味无穷！

我们回顾保尔的一生，想想看他有几次负伤与生病的经历？从这些经历中能总结出保尔怎样的精神品质？没错，他一共有六次伤病的经历，甚至三次都是死里逃生，但他依然用钢铁般的意志、顽强奋斗的品质、为理想而献身的精神创造着生命的奇迹。

纵观保尔的成长史，我们可以说他是一个“生活建设者”。

少年保尔从小就在社会的底层生活，他看到了社会底层人民生活环境的恶劣，所以他渴望拥有新的生活。正所谓哪里有压迫，哪里就有反抗。在这样黑暗的社会环境中，保尔有着对资产阶级和贵族的满腔仇恨，并想要去改变这一不平等的社会，但那时的他尚未具备足够的能力。

在革命者保尔阶段，他开始用实际行动追求新生活。加入骑兵团后，保尔积极学习、充实头脑、不畏牺牲、英勇战斗，明白了一个人只有在革命的艰难困苦中战胜敌人，在生活的巨大挑战中战胜自己，才能成为“坚决斗争的钢铁战士”，推翻旧世界，拥抱新生活。

成为建设者的保尔已经日渐成熟，对生命的意义也有了更为透彻的理解。他开始用自己的力量去创造新生活：矫正组织内部纪律松弛、不负责任等现象，让团组织走向正轨；担任共青团区委主席，带领青年们修复被匪帮毁坏和劫掠的遗迹；飞马驱散两个村庄武装械斗的民众，让生活恢复秩序。此时成熟的保尔在他所在之处不断地发光发热。

但命运却给保尔提出了更大的挑战，两次接连病痛，让保尔双腿瘫痪、双目失明，他似乎失去了好好生活的权利，但是保尔却用钢铁战士的勇气和毅力战胜了看似悲剧的生活，用创作的决心重新回到新生活建设者的队伍当中。毫无疑问，他做到了。他拿起新的武器，回到战斗的队伍里，开启了新的生活。

保尔·柯察金在《钢铁是怎样炼成的》中写了一段教科书般的无悔青春。奥斯特洛夫斯基给予“青春”这样的注解：“生活赋予我们一种巨大的和无限高贵的礼品，这就是青春——充满着力量，充满着期待志愿，充满着求知和斗争的志向，充满着希望信心的青春。”

保尔精神告诉我们，一代人有一代人的青春，不同的青春却有着某些共同的旋律，这就是理想、信念、意志和饱满的激情所谱成的生命之歌。愿同学们在青春年华也能够和着这昂扬的旋律踏步前行！

读思飞扬

板块任务：以上对《西游记》孙悟空形象的分析让我们体会到了生命之蜕变，对《钢铁是怎样炼成的》保尔形象的分析让我们体会到了生命之执着。这些基于生命的蜕变和执着，让我们体会到了阅读的感染力和震撼力，让我们深深为之动容。跳出两个人物，两部书中还有哪些人物或情节能唤起我们对生命的感动呢？让我们一起来探寻。

信念之坚

——对唐僧和谢廖沙、瓦莉亚的分析

(一)探究方法建议

1. 勾画并摘抄原文中提到唐僧、谢廖沙、瓦莉亚主要事件的文字。
2. 通过主要事件分析唐僧、谢廖沙、瓦莉亚的人物形象。
3. 结合全文理解唐僧、谢廖沙、瓦莉亚身上体现出的坚定信念。

(二)探究过程

1. 从“唐僧取经”看信念的力量

“唐僧取经”源于真实的历史事件——唐代玄奘法师为了弄清佛经真义，决心到天竺取经，经过无数艰难险阻，最终取得经书归来。这个历史事件经过历代的演化变得更为丰富、浪漫，充满戏剧性。取经队伍从僧人一个变成了师徒四人，还有白龙马的加持，路上遇到的自然界的艰难险阻也被神话化，变成了妖魔鬼怪的种种阻挠，“西天取经”从本身就具有的传奇性演化为神异性。从史实到文学，必然有一定的改变，但无论是玄奘还是唐僧，有一点是相同的，他们都有坚如磐石的理想信念。

(1)解救众生的初衷不曾变

取经的开端来自如来佛祖，书中写道：“我观四大部洲，众生善恶，各方不一：东胜神洲者，敬天礼地，心爽气平；北俱芦洲者，虽好杀生，只因糊口，性拙情疏，无多作践；我西牛贺洲者，不贪不杀，养气潜灵，虽无上真，人人固寿；但那南赡部洲者，贪淫乐祸，多杀多争，正所谓口舌凶场，是非恶海。我今有三藏真经，可以劝人为善”。观音菩萨于是秉承佛旨来到东土大唐寻找合适的取经人，最终找到了唐三藏。三藏本是状元陈光蕊和丞相之女殷小姐的孩子，后陈光蕊被刘洪所害，殷小姐也被刘洪霸占。孩子出生后只能任由其自生自灭，

“小姐即朝天拜祷，将此子安在板上，用带缚住，血书系在胸前，推放江中，听其所之……却说此子在木板上，顺水流去，一直流到金山寺脚下停住。那金山寺长老叫做法明和尚，修真悟道，已得无生妙诀。当日打坐参禅，忽闻得小儿啼哭之声，一时心动，急走到江边观看。只见涯边一片木板上，睡着一个婴儿……即将此子取起。见了怀中血书，方知来历。将此子取个乳名，叫做‘江流’，托人抚养。血书紧紧收藏。光阴似箭，日月如梭。不觉其子年长一十八岁。长老就叫他削发修行，取法名为玄奘。摩顶受戒，坚心修道。”可以说，唐僧的出生就包含着苦难，他深刻理解世人痛楚，并成长为得道高僧，为后来的西天取经做好了准备。

观音菩萨来到大唐后，了解到唐僧身世，心中已认定他是最合适的取经人，但还是想进行一番试探，于是有了《第十二回　玄奘秉诚建大会　观音显像化金蝉》之中的内容。“那法师在台上，念一会《受生度亡经》，谈一会《安邦天宝篆》，又宣一会《劝修功卷》。这菩萨近前来，拍着宝台，厉声高叫道：‘那和尚，你只会谈“小乘教法”，可会谈“大乘教法”么?’玄奘闻言，心中大喜，翻身跳下台来，对菩萨起手道：‘老师父，弟子失瞻，多罪。见前的盖众僧人，都讲的是“小乘教法”，却不知“大乘教法”如何。’菩萨道：‘你这小乘教法，度不得亡者超升，只可浑俗和光而已；我有大乘佛法三藏，能超亡者升天，能度难人脱苦，能修无量寿身，能作无来无去。’”唐太宗得知了大乘佛法的好处，问谁可以去取经。唐僧“帝前施礼道：‘贫僧不才，愿效犬马之劳，与陛下求取真经，祈保我王江山永固。’唐王大喜，上前将御手扶起道：‘法师果能尽此忠贤，不怕程途遥远，跋涉山川，朕情愿与你拜为兄弟。’玄奘顿首谢恩。唐王果是十分贤德，就去那寺里佛前，与玄奘拜了四拜，口称‘御弟圣僧’。玄奘感谢不尽，道：‘陛下，贫僧有何德何能，敢蒙天恩眷顾如此？我这一去，定要捐躯努力，直至西天。如不到西天，不得真经，即死也不敢回国，永堕沉沦地狱。’随在佛前拈香，以此为誓。唐王甚喜，即命回銮，待选良利日辰发牒出行，遂此驾回，各散”。从此唐僧坚定了西天取经、解救众生的志向，未曾有丝毫改变。

(2)面对妖怪的魔爪不退缩

虽然说唐僧没有孙悟空的火眼金睛、神通广大，没有猪八戒的钉耙利器、巨大力气，也没有沙僧的识得水性、协助能力，以及白龙马的了得脚力、挺身而出，但他却能凝聚取经团队，用自己坚定的意志一直指引着西行的方向。这一路，不仅仅道路坎坷、风吹日晒，更有众多妖怪的阻挠，他们很多是想吃得唐僧肉，能够长生不老。

例如，红孩儿抓唐僧就是想吃了延寿，“妖王道：‘你们认得老大王家么?’六健将道：‘认得。’妖王道：‘你与我星夜去请老大王来，说我这里捉唐僧蒸与他吃，寿延千纪。’六怪领命，一个个厮拖厮扯，径出门去了”。

相比较而言，白骨精想吃唐僧的决心更坚定，通过连续三次变化去达成目的。“果然这山上有一个妖精，孙大圣去时，惊动那怪。他在云端里，踏着阴风，看见长老坐在地下，他就不胜欢喜道：‘造化！造化！几年家人都讲东土的唐和尚取“大乘”，他本是金蝉子化身，十世修行的原体。有人吃他一块肉，长寿长生。真个今日到了。’那妖精上前就要拿他，只见长老左右手下有两员大将护持，不敢拢身。”先是变成一个月貌花容的女儿，后又变成一个年满八旬的老妇人，最后变化为一个念经诵佛的老公公。为了吃唐僧肉，真是煞费苦心。

面对如此险峻的形势，作为“人肉诱饵”的唐僧，得知妖怪们想吃自己时，并没有折返放弃，反而愈发坚定，一路西行，取得真经。这种对生命的考验，的确是需要有执着的信念才能战胜的。

(3)面对种种诱惑不动摇

西天取经的路上，第一个与诱惑有关的磨难是菩萨们故意设置的。《第二十三回　三藏不忘本　四圣试禅心》中有明确的描述。“妇人道：‘此间乃西牛贺洲之地。小妇人娘家姓贾，夫家姓莫。幼年不幸，公姑早亡，与丈夫守承祖业。有家资万贯，良田千顷。夫妻们命里无子，止生了三个女孩儿。前年大不幸，又丧了丈夫。小妇居孀，今岁服满。空遗下田产家业，再无个眷族亲人，只是我娘女们承领。欲嫁他人，又难舍家业。适承长老下降，想是师徒四众。小妇娘女四人，意欲坐山招夫，四位恰好。不知尊意肯否如何。’三藏闻言，推聋妆哑，瞑目宁心，寂然不答。”接下来，妇人讲述自己家资富裕：“家下有八九年用不着的米谷，十来年穿不着的绫罗；一生有使不着的金银：胜强似那锦帐藏春，说甚么金钗两路；你师徒们若肯回心转意，招赘在寒家，自自在在，享用荣华，却不强如往西劳碌?”面对这样的金钱美女诱惑，唐僧“也只是如痴如蠢，默默无言”。

八戒听了心中欢喜，很想就范，唐僧怒斥：“你这个业畜！我们是个出家人，岂以富贵动心，美色留意，成得个甚么道理!”妇人再三劝说，唐僧以退为进，说：“女菩萨，你在家人享荣华，受富贵，有可穿，有可吃，儿女团圆，果然是好；但不知我出家的人，也有一段好处。怎见得？有诗为证，诗曰：出家立志本非常，推倒从前恩爱堂。外物不生闲口舌，身中自有好阴阳。功完行满朝金阙，见性明心返故乡。胜似在家贪血食，老来坠落臭皮囊。”这里，我们可以明确看出唐僧对西天取经的坚定信念，绫罗绸缎不入眼，金银钱财如粪土，美女眼前飘然过，唯有佛祖留心中。

除此之外，在众多的磨难中，还有人或妖“垂涎于唐僧的美色”，想要和唐僧结为夫妻的。这种经历虽然不能完全被称之为磨难，但确实是一种考验，考验唐僧取经决心的坚定性。这其中比较经典的有：女儿国国王、杏仙、老鼠精、蝎子精、玉兔精。她们或有倾国倾城的美貌，或有治理一国的实在权力，或有吟诗作对的文学气质，或有呼风唤雨的手段本领。但这些都不能入唐僧之眼，在他眼中只有西行之路，在他心中只有取经之念。好一个信念坚定、执着不改的唐三藏！

2. 为理想献身的谢廖沙和瓦莉亚

阅读《钢铁是怎样炼成的》这本小说我们需要解决的核心问题是：主人公保尔·柯察金是怎样成长为一名具有钢铁般意志的革命战士的？通过之前的讲解，我们从保尔的成长史中看到了他百炼成钢的过程。我们看到了一个在苦难生活、战火历练、病痛折磨下不屈不挠、坚定勇敢、顽强抗争的钢铁战士形象。不过我们也应该关注到一个问题，保尔·柯察金百炼成钢的原因除了来自于保尔个人的执着努力之外，还有来自他周围诸多人物的影响、帮助与支持，如果说前者是内因，后者则是外因，这些人是保尔成长过程中的朋友，与他志同道合，给予他丰富的情感支撑，他们见证、陪伴着保尔度过火热的青春。

谢廖沙是保尔从小一起长大的革命同路人，二人尽管没有血缘关系却情同手足。小时候的谢廖沙同保尔一样调皮反叛，充满正义感。在学校里，谢廖沙和保尔都讨厌瓦西里神父，一起捉弄神父，把烟灰撒在神父的面团上。后来谢廖沙来到印刷厂做工，厂里的印刷工人都是犹太人。谢廖沙跟他们很亲热，就像一家人似的团结在一起，共同反抗自私自利的大肚子厂主，后来彼得留拉匪兵虐杀犹太人，谢廖沙和父亲将一半的印刷工人藏在他们的暗楼上和地窖里。在街上遇到一个老年犹太人时，谢廖沙大胆出手相救，冲到路上，用自己的身体掩护着那个老人，大声吆喝说：“强盗，你敢动他！”这一幕将谢廖沙英勇无畏的形象展现得淋漓尽致。再后来，谢廖沙毅然离开家乡，参加红军，他充满热情地全身心投入革命。姐姐瓦莉亚再见到他时说：“他完全变了，就像有人给他充了电似的。”

在一次次战斗中，他成长为一个成熟的战士，在战场上奋勇杀敌时，他的手没有打战。他知道他以后还要杀人，但他不是一个本性狠毒和残酷的人，他为的是使人类不再互相残杀的日子快点到来。在小说的第 9 章，保尔和谢廖沙在火车站月台上相遇，而这也是两人的最后一次见面。一个星期后，谢廖沙就倒在乌克兰秋天的原野上了。由远处飞来的一颗流弹打中了他，他牺牲了。谢廖沙在书中为何占有如此重要的分量？那是因为作者想要塑造青年一代的英雄群像。也正是因为有这样的朋友、战友，保尔的钢铁精神才能铸就。

谢廖沙的姐姐瓦莉亚同样是保尔精神的引路人。关于瓦莉亚牺牲的描写同样让读者感动。“他们走近绞架的时候，瓦莉亚就唱起来了。我从来没有听过那样的歌声——只有视死如归的人才能有那样的激情歌唱。她唱着《华沙革命歌》，那两个同志也和着她唱。宪兵抽打他们，像疯子一样抽打我们的同志，但是他们好像没有感到疼痛。于是宪兵就打倒他们，拽着他们的脚，像拖袋子一样把他们拖到绞架跟前，草草地念完判决书，就把绳圈套在他们的脖子上。这时候，我们大伙就高唱起《国际歌》来：起来！饥寒交迫的奴隶……”这段文字描写的是瓦莉亚牺牲的情节。瓦莉亚因叛徒告密而牺牲，最后死在波兰白军的绞刑架下。面对死亡，她没有丝毫的退缩；面对威胁，她没有一点怯懦。瓦莉亚在牺牲前，表现出了一个拥有坚定信仰的布尔什维克人视死如归的精神。

后来，受伤的保尔回到家乡养病，他来到墓地缅怀战友，悼念朋友。“保尔不知不觉地来到了松林跟前，他在岔路口站了一会儿。在他的右边是阴森森的老监狱，它用高高的尖头木栅栏和松林隔开，而它后面是医院的白色房子。瓦莉亚和她的同志们就是在这地方，在这空旷的广场上的绞架下被绞死的。他在原来竖绞架的地方默默地站了一会，随后就走下陡坡，到了埋葬烈士们的公墓那里。不知道是哪个有心人，用枞树枝编成的花圈把那一列坟墓装饰了起来，给这小小的墓地围上了一圈绿色的栅栏。笔直的松树在陡坡上面高耸。绿茵似的嫩草铺遍了峡谷的斜坡。这儿是小镇的近郊，又阴郁，又冷清，只有松树林轻轻的低语和从复苏的大地上散发出来的春天新鲜的气味。……就在这地方，他的同志们英勇就义，为了使那些生于贫贱的、那些一出生就当奴隶的人们能有美好的生活而献出了自己的生命。保尔缓缓地摘下了帽子。悲愤，极度的悲愤充满了他的心。”

保尔大病初愈，已经不能适应乡村生活，他想尽快回到战斗中。临行前，保尔去了革命公墓，缅怀烈士。“枞树枝编成的花圈”“笔直的松树”渲染出一种庄严的气氛；“阴森森的老监狱”“小镇的近郊，又阴郁，又冷清”则点出公墓的特点；“绿茵似的嫩草铺遍了峡谷的斜坡”“从复苏的大地上散发出来的春天新鲜的气味”写出了革命信仰的长青不朽。在这样的气氛烘托下，保尔缓缓摘下帽子，内心极度悲愤，道出了全书的主旨：“人最宝贵的是生命。生命每个人只有一次。人的一生应当这样度过：当回忆往事的时候，他不会因为虚度年华而悔恨，也不会因为碌碌无为而羞愧；在临死的时候，他能够说：‘我的整个生命和全部精力，都已献给了世界上最壮丽的事业——为人类的解放而斗争。’”这段的自然环境描写极为重要，可谓一石三鸟。其一，渲染了庄严凝重的气氛；其二，衬托了保尔当时缅怀烈士的悲愤心理；其三，揭示了全书的主旨：宝贵的生命献给世界上最壮丽的事业——为人类的解放而斗争。

在《钢铁是怎样炼成的》一书中，除了保尔之外，谢廖沙、瓦莉亚等人也都是信仰坚定、不畏艰难、敢于拼搏的人物，他们唱响了一首首生命的颂歌。正是这一个个经典的艺术形象成就了那个不朽的英雄年代，也可以说，是那个英雄的年代成就了一个个不朽的艺术形象。

读思墨涌

板块任务： 同学们，阅读完《西游记》和《钢铁是怎样炼成的》两本书，请从孙悟空开"悟"成人和保尔百"炼"成钢两个角度，选取你印象最为深刻的内容，探讨两个人物身上体现的生命价值。

学生作品展示

孙悟空——收服"心猿"

陈坤哲

提到孙悟空，你会想到什么？是法力无边，还是天不怕地不怕？给你留下这些印象的，一定是那龙宫借宝、大闹天宫的"光鲜事迹"吧？但请不要忘记，在跟随唐僧一路西行的过程中，他这些难以控制的"心猿"也被慢慢收服。

勇气和探索之心自美猴王出世后就一直伴随着他。他不满于平凡的生活，跟随猴群探索赖以生存的河流的源头。当遇到瀑布阻隔无法前行的时候，他不顾可能的危险，率先跳了进去，为花果山的猴儿们开辟了新天地。他为了长生不老的梦想，独自一人乘坐竹筏前往陌生的大陆寻仙，修炼归来又马不停蹄地带领众猴打败了占山的魔王。

好景不长，这种勇气随着悟空的战无不胜而质变为轻狂。这也是他的"心猿"最躁动的时期。他去龙宫借宝，却总是看不上龙王送给他的兵器，一副目中无人的样子。直到把四海龙宫的宝物"借"了个遍，手执如意棒、头戴金冠、身披金甲、脚蹬云履，才道一声"多谢"，头也不回地离去了。在被误送到地府后，他不但涂改了生死簿，还用铁棒一路打出幽冥界，惹得众人皆惊。而最过分的，当属大闹天宫。

天神们看悟空作乱，本想给他机会上天做官以改过自新。可这时的孙大圣完全以自我为中心，根本不把这宝贵的机会放在心上：他离开御马监是嫌官职太小，偷蟠桃是报复王母没有请他赴宴，大闹天宫是为了出一口在八卦炉里憋了七七四十九天的恶气！正因如此，孙悟空“心猿”的浮躁和轻狂酿成大祸，终被压在五行山下，为自己的不羁付出代价。

不知这五百年中他是否反思：“借走”诸多宝物后，无奈的龙王们是怎样的心情？涂改了生死簿，会给照章办事的阎王造成怎样的麻烦？维持天地秩序的玉帝，是否也会劳累？他只为自己的私利而行事，却从未在乎他人。

这座五行山是他一段生命的终结，也注定是另一段生命的开始。

初遇唐僧时，他还是那副桀骜不驯的老样子。不顾师父劝阻打死土匪，与之发生争吵，一气之下还擅自离开。直到戴上金箍，他的生命中才又多了一件东西——责任，这也是他“心猿”得以控制的根本原因。悟空明白，这一路不仅要保护唐僧的肉身，还要时刻关心唐僧的内心。好几次师父遭遇心灵危机，是他好言相劝、点破禅机，才没有让师父取经的信念倒下。他懂得了照顾师父的想法，不再随意杀生；他懂得了师父被妖魔抓走就要竭尽全力地搭救，而不是轻易放弃；他懂得了尊重他人，而不是为了自己的个人情绪而与玉帝、天神们怄气。他总是走在队伍的第一个，为其余几人保驾护航。

不难发现，在取经路的后半段，悟空的战斗力似乎有所下降，直接降服的妖怪也越来越少。可他并不是真的弱小了，而是因为“心猿”逐渐平息，“责任心”逐渐壮大。他当然有机会一棒打死化作婴儿的红孩儿，但为了照顾唐僧的“慈悲心”，他只好背起这个被自己一眼识破的敌人，却毫无怨言。不难想象，换作原来的悟空，那绝对不会手下留情的。

虽然孙悟空的成长让他不再张扬，可那惩恶扬善的初心并没有随时间而消逝。在大雷音寺阿傩、迦叶讨要人事的时候，孙悟空坚决不向潜规则低头，发现被“无字真经”糊弄后还非要找如来评理不可。成长之后还能坚守底线，这才是真的成熟。

孙悟空的经历不恰是我们的一生吗？少年时纯真率直，却往往以自我为中心、胡乱发泄情绪。渐渐地，我们长大了。随着阅历的增加，我们在那纯真率直上又添了一份稳重和责任。取经的十万八千里本是这位斗战胜佛一个筋斗的工夫，他却仍要苦苦走上许多年。毕竟，“心猿”只有经过苦难的考验才会平息；万事只有经历时间的沉淀，才会修成正果。

钢铁的意志钢铁汉

——小议保尔

陈沐瑶

保尔的一生分为四个阶段。第一阶段的他生活贫苦却从不妥协，自尊上进、爱憎分明；第二阶段的他始终不停地学习和充实自己，不畏牺牲、勇于献身；第三阶段的他从幼稚走向稳重成熟，在组织内发光发热；第四阶段的他与疾病顽强斗争，最后战胜自己，切实诠释了什么是自强不息。不得不承认保尔的一生很坎坷，以上罗列的一些词语是保尔的精神标签，但如果要让我来制定一个标签，那必定是“死里逃生”。

保尔的四次“死里逃生”真和祥子的“三起三落”有的一拼，但论惨还是保尔“更胜一筹”。大腿、肠、头部、肺依次受伤，甚至有时是两种加在一起，这些像一座座大山一样压在保尔身上。即使知道保尔是主人公，拥有“主角光环”，但我还是怕作者不按套路出牌，每次看书的时候都心惊胆战，一次还好，两次也还行，三次、四次的时候真是替他捏把汗！此时的我就像他的亲人一样，得知他患病就会心急如焚，也害怕国家会失去这个优秀的人才。

传说中猫有九条命，这个不知道是真是假，但保尔有四条“命”是真的。当然这与他顽强的毅力是脱不开关系的。一个身患重病的人能战胜病魔，重回革命队伍，取决于他内心的强大力量。他始终没有放弃希望，好像要用快烧尽的蜡烛照亮最后一束光。最能体现这一点的是最后一次“死里逃生”，那时的他全身瘫痪，甚至双目也已失明，即使这样，坚强的他也照旧以钢铁意志为武器，走出低谷。虽然他已无法上战场，但也阻拦不了他的革命精神。他以笔代刀，完成了《暴风雨所诞生的》，将自己的一生全部奉献给了革命。

书中有这样一句话，“人最宝贵的是生命。生命每个人只有一次。人的一生应当这样度过：当回忆往事的时候，他不会因为虚度年华而悔恨，也不会因为碌碌无为而羞愧”。保尔是这样，我们身边还有一些人也是这样。比如霍金，他患有渐冻症，全身瘫痪，不能言语，手部仅三根手指可以活动，多半人生在轮椅上度过。得了这种病，一般情况下寿命都不会超过10年，他却活到了76岁。他从不去理会肉体的折磨，只一心专注于对宇宙的探索。再回过头来看看“感动中国2020年度人物”陈陆，他为营救群众牺牲在洪水中，用生命兑现对党和人民的承诺……他们都将一生奉献给了自己的事业。

河流之所以能发出清脆的响声，是因为有岩石的阻挡。所以我们不能因为一时的痛苦而退缩，不能因为一时的失败便心生放弃之念，要努力学习，将来像保尔一样将自己的一生奉献给伟大的事业。回首往事时，不因虚度年华而悔恨，也不因碌碌无为而羞愧。